www.ingramcontent.com/pod-product-compliance
Lightning Source LLC
LaVergne TN
LVHW050754051026
849532LV00008B/2862
* 9 7 8 9 3 6 9 0 8 9 0 3 1 *

اردو ادب:

تنقیدی و تحقیقی مطالعے

(تنقیدی و تحقیقی مقالے)

مرتبہ:

مکرم نیاز

Urdu Adab: Tanqeedi o Tahqeeqi Mutale'ay
by: Mukarram Niyaz
Edition: December '2025
Publisher :
Taemeer Publications LLC (Michigan, USA / Hyderabad, India)

ISBN 978-93-6908-903-1

کتاب	:	**اردو ادب: تنقیدی و تحقیقی مطالعے**
مرتب	:	**مکرم نیاز**
بہ تعاون	:	سیاست ڈاٹ کام ویب سائٹ
صنف	:	تحقیق و تنقید
ناشر	:	تعمیر پبلی کیشنز (حیدرآباد، انڈیا)
سالِ اشاعت	:	۲۰۲۵ء
صفحات	:	۸۶
سرورق ڈیزائن	:	تعمیر ویب ڈیزائن

فہرست

پیش لفظ

اردو شاعری اور نثر برصغیر کی تہذیبی روح کی وہ لطیف تجسیم ہے جس میں صدیوں کی روحانی جستجو، تاریخی شعور، معاشرتی کشمکش اور حسنِ بیان کی موروثی روایت ایک دوسرے میں گھل مل کر ایک ہمہ گیر ادبی روایت کی صورت اختیار کر چکی ہے۔ ہماری شعری روایت نے کلاسیکی غزل کی سرشاری سے لے کر انقلابی نظم کی تپش تک، عشقِ مجازی، عشقِ حقیقی، طنز و احتجاج، صوفیانہ واردات اور عصری مسائل — سب کو اپنے دامن میں سمیٹا ہے؛ اسی طرح اردو نثر نے داستان سے افسانے، سوانح سے تنقید، خطابت سے تحقیق اور صحافت سے ادبی جریدوں تک ایک مسلسل ارتقائی سفر طے کیا ہے جس نے نہ صرف لسانی اسلوب کو نکھارا بلکہ فکر کے زاویوں کو بھی وسعت دی۔ اس پورے منظرنامے میں تنقید و تحقیق کی اہمیت بنیادی ہے، کیونکہ یہی دو اصناف تخلیقی ادب کے محاسن و معائب کو روشن کرتی، ادبی اقدار کو مرتب کرتی اور قاری کو اس قابل بناتی ہیں کہ وہ محض ذوق کی سطح پر نہیں بلکہ فکری شعور اور استدلالی نظر کے ساتھ کسی فن پارے کا محاکمہ کر سکے۔ آج جب کہ ادبی منڈی میں سطحیت، تعجیل، اور ذاتی وابستگیوں پر مبنی تحسین و تقریظ کو بسا اوقات معیار کا بدل بنا دیا گیا ہے، سنجیدہ تنقیدی رویّہ اور مستند تحقیقی مزاج پہلے سے کہیں زیادہ ضروری ہو گیا ہے۔ یہی سبب ہے کہ اردو شاعری اور نثر کے مختلف ادوار، دبستانوں، تحریکوں اور نمایاں شخصیات پر علم و انصاف کے ساتھ گفتگو، ماضی کی قدر شناسی کے ساتھ حال کے محاسبے اور مستقبل کے امکانات کے تعین کا ذریعہ بنتی ہے۔ زیرِ نظر کتاب میں شامل مضامین اسی وسیع تر تناظر میں اردو ادب کو اس کی تاریخی، تہذیبی اور فکری

جہتوں کے ساتھ دیکھنے کی کوشش ہیں؛ یہاں نہ صرف شعری روایت کے فنی و فکری مسائل زیر بحث آتے ہیں بلکہ نثری سرمائے کے تنقیدی و تحقیقی مطالعے کے ذریعے ہمارے ادبی مزاج کی تعمیر نو کی سعی بھی کی گئی ہے۔

اس مجموعے کا آغاز تبصرہ نگاری کے فن پر مبسوط مقالہ سے ہوتا ہے جس میں معاصر تبصروں کی روایتی سطحیت، قصیدہ گوئی اور غیر معیاری کتابوں کی تحسین کے رجحان کا محاسبہ کرتے ہوئے، سچے اور بامقصد تبصرے کے تقاضوں، اختصار، جامعیت اور دیانت کے اصول واضح کئے گئے ہیں۔ بعد ازاں سرسید احمد خاں اور مولانا حالی کی فکری رفاقت کو موضوع بناتے ہوئے سرسید کی تعلیمی، اصلاحی اور قومی خدمات اور مسدسِ حالی کے اثرات کا گہرا جائزہ پیش کیا گیا ہے، جس سے علی گڑھ تحریک، قومی شعور اور اصلاحی شاعری کے باہمی ربط پر روشنی پڑتی ہے۔ ایک مضمون کرشن چندر کے فن و شخصیت کو محیط ہے جس میں ان کی کہانیوں، ناولوں، منظر نگاری، سوشلزم پسند رجحان اور سرمایہ دارانہ نظام پر تنقیدی احتجاج کا نفسیاتی و فنی تحلیل کے ساتھ مطالعہ کیا گیا ہے۔ اسی سلسلے میں مولانا واضح رشید ندویؒ کی علمی و دعوتی خدمات، عربی صحافت، تصنیف و تالیف اور ان کی متواضع مگر ہمہ گیر شخصیت پر ایک پراثر سوانحی و تنقیدی مضمون بھی شامل ہے جو تہذیبی وراثت کے تسلسل کا احساس دلاتا ہے۔

کتاب کے چند مضامین میں اردو زبان کے مستقبل، اس کی تدریسی و معاشی صورتحال، ٹیکنالوجی اور صحافت سے اس کے ربط، اور اہلِ اردو کی کمزوریوں کا نہایت بے لاگ جائزہ لے کر اس کے استحکام کے لیے تعلیمی، سماجی اور تہذیبی سطح پر عملی تجاویز پیش کی گئی ہیں۔ روسی انقلاب، کارل مارکس اور اقبال کے فکری مکالمے پر ایک مضمون سرمایہ دارانہ نظام، طبقاتی کشمکش اور اشتراکیت کے تناظر میں اقبالی فکر کو تازہ قرات فراہم کرتا ہے۔ غزل کی تہذیبی معنویت،

اس کے داخلی مزاج، جدید رجحانات اور طبقاتی شعور سے اس کے ربط پر تفصیلی مطالعہ اردو شعری ورثے کو محض محبوب و ساقی کی حد تک محدود نہیں رہنے دیتا بلکہ اسے اجتماعی شعور کی علامت کے طور پر سامنے لاتا ہے۔ دعوت و عزیمت کے مقام پر مولانا ابوالکلام آزاد کے بلند فکری اسلوب سے اخذ کردہ نکات امت کی تجدیدی تحریکوں اور مجددانہ کردار کے تاریخی تسلسل کو اجاگر کرتے ہیں۔

مغربی ادبی فضا کے پس منظر میں اورحان پامک کی نوبل تقریر کے حوالے سے ادیب، تنہائی، لائبریری اور تخلیقی ذمہ داری کے مسائل پر ایک گہرا فکری مکالمہ بھی اس کتاب کا حصہ ہے، جو ہمارے ادبی معاشرے میں معیار، تنقیدی دیانت اور عالمی تناظر کی ضرورت کو نمایاں کرتا ہے۔ میر تقی میر کی حیات و شاعری پر خواجہ احمد فاروقی اور قاضی عبدالودود کے مباحث کے پس منظر میں میر تنقید کے بعض بنیادی قضیے زیر بحث آئے ہیں، جس سے اردو تحقیق کے داخلی مکالمے اور اختلافِ رائے کی صحت مند روایت کو تقویت ملتی ہے۔ آخر میں پروفیسر رفیعہ سلطانہ کی تحقیقی و تنقیدی خدمات، دکنی ادب کی بازیابی، اردو نثر کی تاریخ، خواتینِ اردو کی ادبی کاوشوں اور حیدرآباد کی تہذیبی تصویر کشی پر ایک جامع مضمون کتاب کو اس احساس کے ساتھ ختم کرتا ہے کہ اردو ادب کی بقا محض نصابی اداروں پر نہیں بلکہ ایسے محققین کے خلوص، دیانت اور تہذیبی شعور پر موقوف ہے جو ماضی کے دفینوں کو نئی نسل کے سامنے روشن اور معنی خیز بنا سکیں۔

ا

تبصرہ نگاری کا فن

صابر علی سیوانی

تبصرہ نگاری ایک فن ہے۔ کوئی بھی فن آسانی سے کسی شخص کے حصے میں نہیں آتا ہے۔ اس کے لئے بڑی مشق و مزاولت کرنی پڑتی ہے۔ اس کے اسرار و رموز اور نکات و جہات کو سمجھنے کی ضرورت پڑتی ہے۔ دیدہ ریزی، ریاضت اور محنت اس کے تین بنیادی کردار ہوتے ہیں۔ ان تین کرداروں کو اگر کوئی شخص اپنی زندگی کا حصہ بنائے تو وہ شخص کسی بھی فن کی بلندی پر پہنچ سکتا ہے، لیکن شرط یہ ہے کہ وہ شخص اس فن سے جنون کی حد تک وابستگی رکھتا ہو۔ تبصرہ نگاری کوئی آسان کام نہیں ہوتا ہے لیکن آج کل سب سے آسان کام اسے ہی سمجھ لیا گیا ہے۔ تبصرہ کسی حد تک تنقید کا فریضہ بھی انجام دیتا ہے۔ اس لئے یہ آسان بھی نہیں ہے۔

تبصرہ کا لغوی معنی تصریح، تفصیل اور توضیح ہوتا ہے۔ یہ تینوں الفاظ ایک دوسرے سے بیحد قریب معلوم ہوتے ہیں۔ کسی بھی کتاب پر تبصرہ لکھنا دراصل اس کتاب میں موجود مواد کی توضیح و تصریح کے ضمن میں آتا ہے۔ تبصرہ نگار کتاب کے متن کے حوالے سے اختصار کے ساتھ تعارفی گفتگو کرتا ہے۔ مصنف کی فکر و

نظر، تلاش و جستجو، اُسلوب بیان اور ندرتِ اظہار کے بارے میں اظہار خیال کرتا ہے۔ وہ کتاب کے صُوری اور معنوی خوبیوں کو اُجاگر کرتا ہے اور کتاب و طباعت اور جلد سازی کی خوبیوں کو بھی بیان کرتا ہے تاکہ قاری بیک نظر زیر تبصرہ کتاب میں موجود تمام مضامین سے آشنا ہو سکے۔ قاری اگر اس کے تبصرے سے متاثر ہوتا ہے تو کتاب کی خریداری کے متعلق ذہن بناتا ہے اور اگر وہ علم شناس اور ادب فہم ہوتا ہے تو وہ اس سے استفادے کی حتی المقدور کوشش بھی کرتا ہے۔ تبصرہ دراصل کسی کتاب کا وہ تعارفی خاکہ ہوتا ہے جس سے قاری کو کتاب کی نوعیت کا اندازہ ہو جاتا ہے اور کتاب کی افادیت سے بھی وہ باخبر ہو جاتا ہے۔

اب سوال یہ پیدا ہوتا ہے کہ اِن دنوں جو تبصرے لکھے جارہے ہیں، کیا وہ تبصرہ نگاری کے فن کے تقاضوں کو پورا کر پاتے ہیں، اس کا جواب نفی میں ہی دیا جاسکتا ہے۔ کیوں کہ نئی کتابیں جو منظر عام پر آتی ہیں، ان میں سے چند نسخے صاحبِ کتاب اپنے بہی خواہ، دوست اور ہم مزاج ادیب و شاعر کی خدمت میں ارسال کرتا ہے اِس فرمائش کے ساتھ کہ ذرا زوردار تبصرہ لکھئے، کیوں کہ گزشتہ سال جب آپ کی کتاب شائع ہوئی تھی تو میں نے بھرپور تبصرہ لکھا تھا جسے ادبی حلقوں میں کافی پسند کیا گیا۔ ادبی اعتبار سے مقروض ادیب اس کتاب پر نہایت عالمانہ تبصرہ لکھنے کی کوشش کرتا ہے اور وہ اس کوشش میں یہ بھول جاتا ہے کہ کتاب میں مواد کی نوعیت کیا ہے اور کتاب معیاری بھی ہے کہ نہیں۔ بس قصیدہ خوانی کے زیور سے آراستہ تبصرہ کا ایک ملغوبہ تیار ہو جاتا ہے۔ اس تبصرہ کو یا تو مصنف اپنے توسط سے کسی مقبول مع خاص ادبی رسالے کو روانہ کر دیتا ہے، جس کے مدیر سے اس کے

اچھے مراسم ہوتے ہیں یا خود مبصر اپنے طور پر ملک کے چند مؤقر رسائل اور معتبر اخبارات کو بھیج دیتا ہے۔ یہ تبصرہ مصنف کی جان و بیان کی خامی، تن آسانی، سطحی مواد آوری اور دور ازکار و بے سود مضامین کی نشاندہی سے یکسر پاک ہوتا ہے۔ کیوں کہ سچ لکھنے اور سچ برداشت کرنے کی نہ تو مبصر کو عادت ہوتی ہے اور نہ ہی مصنف کو۔ اس کا نتیجہ یہ ہوتا ہے کہ کتاب کا تبصرہ تو ضرور شائع ہوتا ہے لیکن اس کتاب کے تبصرے کے ساتھ انصاف نہیں ہو پاتا ہے۔ موجودہ دور میں ایک رجحان یہ پیدا ہو گیا ہے کہ تھوڑا بہت ادب سے ذوق رکھنے والا شخص صاحبِ کتاب بننا چاہتا ہے۔ چنانچہ پہلے تو وہ کتابوں پر تبصرے لکھنے سے اپنی ادبی نگارش کا آغاز کرتا ہے۔ پھر دھیرے دھیرے تاریخ ادب اُردو کی بعض اہم کتابوں سے استفادہ کرتے ہوئے چند نامور ادبیات شخصیت پر مضامین لکھنے کی ابتدا کرتا ہے۔ چونکہ وہ زبان و بیان پر عبور نہیں رکھتا اس لئے کتاب سے من و عن مواد نقل کر کے اپنے نام سے اخبارات یا رسائل کی اشاعت کے لئے بھیج دیتا ہے اور یہ سلسلہ چل پڑتا ہے۔ ایک سال کے اور اُس کے پاس اتنے مضامین جمع ہو جاتے ہیں کہ کتاب تیار ہو سکے۔ اب وہ اپنی ریاست کی اردو اکاڈمی میں مضامین کے مجموعے کو جزوی مالی تعاون کی درخواست کے ساتھ داخل کرتا ہے۔ ماہرین ادب اس غیر معیاری اور سطحی مضامین کے مجموعے کو جزوی مالی تعاون کی سفارش کرتے ہیں، جو ان کی مجبوری ہوتی ہے۔ اب نو آموز مضمون نگار نہایت فرحت و شادمانی کے ساتھ کسی کمپوزر سے ٹائپ کرا کے دہلی کے کسی مشہور پبلشر کو بھیج دیتا ہے اور یوں کتاب چھپ کر منظر عام پر آجاتی ہے۔ اب مصنف اپنی حصولیابی کا ڈنکا پیٹتے ہوئے اپنے عزیز و اقارب

کے ساتھ ساتھ اپنے دوست و احباب اور ادب نواز اصحاب کی خدمت میں نہایت احترام و خلوص کے ساتھ پیش کرتا ہے۔ چند دنوں تک یہ کتاب ان افراد کے دیوان خانوں کی زینت بنی رہتی ہے اور پھر کسی ایسی جگہ وہ کتاب پہنچادی جاتی ہے، جہاں دوبارہ ہاتھ نہ جاسکے۔

آج کل اخبارات و رسائل میں جو تبصرے شائع ہورہے ہیں وہ ایک روایتی انداز کے حامل ہو کر رہ گئے ہیں۔ پوری کتاب پڑھنے کی ضرورت بھلا کہاں۔ مبصر تو بس کتاب کی سرسری ورق گردانی کرتا ہے۔

تبصرہ لکھتے وقت یہ بھی خیال رکھنا چاہئے کہ جس مقصد کے تحت کتاب لکھی گئی ہے اس کی تکمیل ہوتی ہے کہ نہیں اگر نہیں ہوتی ہے تو مبصر کو یہ بھی بتادینا چاہئے کہ کتاب اپنے اصل محور سے دور جاچکی ہے۔ غیر ضروری انگریزی، ہندی، عربی اور فارسی الفاظ کے استعمال سے احتراز کرنے کا مشورہ بھی تبصرے میں شامل ہونا چاہئے کیوں کہ بہت سے فاضل مصنفین اپنی قابلیت کا دھونس جمانے کے لئے عام افردو الفاظ کے لئے انگریزی کے الفاظ استعمال کرتے ہیں۔ حالانکہ ان الفاظ کے نعم البدل اُردو میں موجود ہیں اور خوب مستعمل ہیں۔

آج کل کے تبصروں میں تبصرے کا ایک چوتھائی حصہ مصنف کی حصولیابی تعارف نامہ اور اس کے اعزازات و انعامات پر مشتمل ہوتا ہے۔ تبصرہ کا نصف سے زاید حصہ مضامین کے عنوانات لکھنے اور اس کتاب کی ستائش میں صرف ہو جاتا ہے اور باقی کا آخر حصہ یہ لکھنے میں پورا ہو جاتا ہے کہ "یہ کتاب ادب کے ذخیرے میں ایک اہم اضافہ کا درجہ رکھتی ہے اس کے لئے مصنف مبارکباد کے مستحق ہیں"۔

حالانکہ تبصرے میں کتاب کے گیٹ اپ، جلد سازی، کمپوزنگ، پروف ریڈنگ، قیمت، ملنے کے پتے وغیرہ کا ذکر بہت کم ہی ہوتا ہے۔ تبصرہ کی سب سے بڑی خوبی یہ ہے کہ وہ مختصر اور جامع ہو۔

***

۲

سر سید احمد خاں کی فکر و شخصیت پر مولانا الطاف حسین حالی کا اثر

خیر النساء علیم

سر سید احمد خاں انیسویں صدی کی ایسی عبقری شخصیت کا نام ہے جن کی بدولت ہندوستانی مسلمانوں کی تہذیب و معاشرت، ذہن و فکر اور ان کے علم و ادب میں زبردست انقلاب آیا۔ غور کیجئے ۱۸۵۷ء کے حالات ہندوستانی مسلمانوں کیلئے قیامت صغریٰ سے کم نہیں تھے۔ مسلمانوں کی سب سے بڑی اور مرکزی حکومت یعنی مغلیہ سلطنت کا چراغ گل ہو چکا تھا۔ مسلمانوں سے جاگیریں، عہدے اور مناصب چھین لئے گئے تھے۔ مسلمان انگریزوں کی نظر میں سب سے بڑے مجرم تھے۔ چنانچہ اس وقت اہل ہند میں انگریزوں کے سب سے زیادہ معتوب و مقہور ہندوستانی مسلمان تھے۔ ایسے مایوس کن اور پر آشوب دور میں ایک مرد اٹھتا ہے اور سوتوں کو جگانے اور جاگتوں کو دوڑانے کی سعی مشکور کرتا ہے۔ اس شخص کا اسم گرامی سید احمد خاں ہے۔

سر سید احمد خاں نہایت ہی ذہین و فطین اور دور اندیش مدبر و مفکر اور سچے مصلح قوم تھے۔ انہوں نے معاشرے میں پھیلی ہوئی برائیوں کا خاتمہ کرنے کیلئے سب سے اہم کام یہ کیا کہ مسلمان جدید علوم وفنون اور انگریزی تعلیم حاصل کریں۔ اس کے لئے انہوں نے ایک منظم اور زبردست تحریک شروع کی جو تاریخ میں "علیگڑھ تحریک کے نام سے مشہور ہوئی۔ اس تحریک نے ہندوستانی مسلمانوں کی فکر و نظر کی تبدیلی میں انتہائی اہم رول ادا کیا۔ تعلیم و تربیت، زبان و ادب، تہذیب و ثقافت مذہب وصحافت اور تاریخ و تحقیق، غرض ہندوستانی مسلمانوں کی زندگی کا کوئی شعبہ ایسا نہیں تھا جس پر اس تحریک نے دوررس اثرات مرسم نہ کئے ہوں۔

سر سید احمد خاں کی یوں تو تمام خدمات مفید، کارآمد، قابل فخر، لائق تحسین و ستائش اور یادگار ہیں لیکن ان میں تعلیمی، اصلاحی خدمات سب سے زیادہ عظیم الشان ہیں۔ ان سب کیلئے سر سید نے جو کوشش کیں وہ یقیناً آب زر سے لکھنے کے قابل ہیں۔ وہ نباض وقت تھے۔ ہندوستان میں مسلمانوں کیلئے اعلیٰ درجے کے تعلیمی ادارے قائم کرنے کی غرض سے انگلستان کے تعلیمی اداروں کا معائنہ کرنے کیلئے سر سید انگلستان گئے اور باریک بینی سے وہاں کی تعلیمی سرگرمیوں اور تعلیمی اداروں کا جائزہ لیا۔ ہندوستان واپس آکر " محمڈن اینگلو اورینٹل "کالج کی بنیاد ڈالی۔ جو آج علیگڑھ مسلم یونیورسٹی کی شکل میں ہمارے سامنے ہے۔ یہی نہیں بلکہ " مسلم ایجوکیشنل کانفرنس" نامی ایک تعلیمی ادارہ بھی قائم کیا۔ تعلیمی نسواں کی اہمیت و افادیت کو اجاگر کیا جس سے ہندوستانی خواتین کے لئے تعلیمی ماحول سازگار ہوا۔

علیگڑھ مسلم یونیورسٹی سر سید احمد خاں کے قیمتی خوابوں کی ایک تعبیر ہے۔ سر

سید بغاوت ہند کے بعد مسلمانوں کی مذہبی، سیاسی، معاشی اور ثقافتی زبوں حالی سے بہت متاثر ہوئے۔ دوسری طرف عیسائی مشنریوں، مذموم سازشوں اور سرگرمیوں کا عینی مشاہدہ کیا۔ ان کا حساس دل بے قرار ہو اٹھا اور پھر وہ کوئی گوشۂ عافیت اختیار نہ کر سکے۔

بلاشبہ سرسید یہ چاہتے تھے کہ میری قوم کے نوجوان علم و حکمت کی ثریا پر کمندیں ڈالیں اور وہ تمام قسم کے علوم و فنون سے اپنے آپ کو آراستہ کر لیں تاکہ آسمان دنیا میں درخشاں ستارے بن کر چمکیں۔ وہ اس عروج و بلندی کو ایمان و اسلام کی بیش بہا دولت سے مشروط قرار دیتے ہیں۔

"اے میرے عزیزو! میری یہ آرزو ہے کہ میں اپنی قوم کے بچوں کو آسمان کے تاروں سے اونچا اور سورج کی طرح چمکتا ہوا دیکھوں۔ ان کی روشنی اس نیلے نیلے گنبد کے اندر ایسے پھیلے کہ سورج اور چاند ستارے سب اس کے آگے ماند ہو جائیں۔ پس میں چاہتا ہوں کہ میرے تمام بچے، طالب علم جو کالجوں میں پڑھتے ہیں، جن کیلئے میری آرزو ہے کہ وہ یوروپ کے سائنس اور لٹریچر میں کامل ہوں اور تمام دنیا میں اعلیٰ شمار کئے جاویں۔ ان دو الفاظ لا الہ الا اللہ محمد الرسول اللہ"۔ (اقتباس خطبات سرسید ص ۷۴، ۱۹۷۳-۷۵ء)

"سعدی ہند" شمس العلماء مولانا خواجہ الطاف حسین حالی ایک ایسے مصلح قوم اور خطیب تھے جو اپنی قوم کو ذلت سے نکالنے کی ہر ممکن سعی اور کوشش کرتے رہے۔ مولانا حالی کی تصانیف مثنویاں، مسدس حالی، شکوہ ہند، چپ کی داد، مناجات بیوہ، دولت اور وقت کا مناظرہ، نشاط امید، مجموعہ نظم حالی اور مجموعہ نظم فارسی ہیں۔

مولانا حالی کی ان تصانیف کا سر سید احمد کی شخصیت پر بہت اثر ہوا۔ مسدس حالی مولانا الطاف حسین حالی کی بے مثل اور معرکہ آراء تصنیف جسے روز اول سے ہی مقبولیت حاصل رہی۔ مسدس حالی سے ہی ہندوستان میں قومی شاعری کی بنیاد پڑی ہے۔ سر سید احمد خاں کہتے تھے کہ مسدس حالی نے صنف نظم میں ایک نیا دور پیدا کر دیا جس میں مسلمانوں کی گزشتہ عظمت کے کارنامے اور موجودہ پستی کا ذکر ایسے انداز میں کیا گیا ہے کہ پتھر دل انسان بھی موم ہو جاتا ہے۔ انہوں نے اہل ہند کے مسلمانوں سے عاجزانہ درخواست کی ہے کہ وہ اٹھیں اور بیدار ہو کر انتھک کوششوں سے اعلیٰ تعلیم حاصل کریں۔ سوسائٹی میں اعلیٰ مرتبہ حاصل کریں۔ اپنی کھوئی ہوئی توقیر و عظمت کو بحال کریں۔

مولانا حالیؔ اردو ادب میں نہایت بلند اور ممتاز مقام رکھتے تھے۔ سب سے پہلے انہوں نے غزل اور قصیدے میں نیا رنگ اختیار کیا۔ سیاسی اور قومی نظمیں لکھیں۔ خواجہ الطاف حسین حالیؔ ایک اعلیٰ پائے کے نثر نگار بھی تھے۔ ان کی تصانیف نثر حسب ذیل ہیں۔ یادگار غالب، حیات جاوید، تریاق مسموم، علم طبقات الارض، مجالس النساء، حیات سعدی، مضامین حالی: "حیات جاوید میں سر سید احمد خاں کی سوانح بیان کی گئی ہے۔ مسدس حالی کے چند بند پیش خدمت ہیں :

اس قدر عمر دو روزہ پہ نہ مغرور تھے ہم
عیش و عشرت کے طلسموں بہت دور تھے ہم
کسی محنت سے مشقت سے نہ معذور تھے ہم
آپ ہی راج تھے اور آپ ہی مزدور تھے ہم

تھے غلام آپ ہی اور آپ ہی آقا رہے
خود ہی بیمار تھے اور خود ہی مسیحا اپنے
خود نمائی، خود آرائی کا کچھ دھیان نہ تھا
کبر و پندار کا جاری کہیں فرمان نہ تھا

"سر سید احمد خاں کی شخصیت و فن فکر پر حالی کی شاعری، نثر نگاری نے بھی بہت اثر ڈالا ہے۔ سر سید کے اس خط سے بھی اس بات کا بہ خوبی اندازہ لگایا جاسکتا ہے۔لکھتے ہیں :

مسدس حالی جس وقت میرے ہاتھ میں آئی، جب تک ختم نہ ہوئی ہاتھ سے نہ چھوٹی اور جب ختم ہوئی تو افسوس ہوا کہ کیوں ختم ہوگئی۔ کس صفائی، خوبی اور روانی سے یہ نظم تحریر ہوئی ہے۔ بیان سے باہر ہے۔ تعجب ہوتا ہے کہ ایسا واقعی مضمون جو مبالغہ، جھوٹ، تشبیہات، دور از کار سے، جو مایہ ناز شعر و شاعری ہے۔ بالکل مبرا ہے کیونکہ ایسی خوبی و خوش بیانی اور موثر طریقہ پر ادا ہوا ہے۔ متعدد بند اس میں ایسے ہیں جو بے چشم نم نہیں پڑھے جاسکتے۔ حق ہے! جو بات دل سے نکلتی ہے، اثر رکھتی ہے، نثر بھی بہت عمدہ اور نئے ڈھنگ کی ہے۔ میری نسبت جو اشارہ اس میں ہے، اس کا شکریہ ادا کرتا ہوں۔ بے شک میں اس نظم کا محرک ہوا اور اس کو میں اپنے ان اعمال حسنہ میں سے سمجھتا ہوں کہ جب قیامت میں خدا مجھ سے پوچھے گا کہ "تو کیا اعمال لایا" میں کہوں گا کہ حالی سے مسدس لکھوا لایا ہوں، اور کچھ نہیں۔ خدا آپ کو جزائے خیر دے اور قوم کو اس سے فائدہ پہنچے"۔

مسدس حالی سے چند اشعار:

یہی حال دنیا میں اس قوم کا ہے
بھنور میں جہاز آ کے جس کا گھرا ہے
نہیں لیتے کروٹ مگر اہل کشتی
پڑے ہوتے ہیں بے خبر اہل کشتی
نہ افسوس انہیں اپنی ذات پہ ہے کچھ
نہ رشک اور قوموں کی عزت پہ ہے کچھ
مشقت کو محنت کو جو عار سمجھیں
ہنر اور پیسے کو جو عار سمجھیں
تجارت کو کھیتی کو دشوار سمجھیں
فرنگی کے پیسے کو مردار سمجھیں
تن آسانیاں چاہیں اور آبرو بھی
وہ قوم آج ڈوبے گی گر کل نہ ڈوبی

خوش قسمتی سے دلی آنے کے بعد حالی کی ملاقات سید احمد خاں سے ہوئی، جس کے دل میں قوم کا درد تھا جو مسلمانوں کا سچا ہمدرد تھا۔ یہ وہ مرد بزرگ دانا ہے جس نے مسلمانوں کی ڈوبتی کشتی کو پار لگایا تھا۔ حالی ان کی سیرت اور بلند خیالات سے بہت متاثر ہوئے اور دل و جان سے سر سید کے ساتھ ہو گئے۔ سر سید کے دل میں مسلم قوم کا درد بہت تھا۔ وہ قوم کی خواہشوں اور آرزوؤں کو پورا کرنے میں لگے رہتے تھے۔ اس مقصد کو حاصل کرنے کے لئے مسلمانوں کو تعلیم کی رغبت دلائی۔ اس کی اہمیت سمجھائی تا کہ وہ پستی سے باہر نکل سکیں۔ چنانچہ سر سید نے اس مقصد

کی تکمیل کیلئے ۱۸۷۵ء میں علی گڑھ میں محمڈن اینگلو اورینٹل کالج قائم کیا جو بعد میں ترقی کر کے "علیگڑھ مسلم یونیورسٹی" بن گیا۔

حالی کی شخصیت ایسی تھی جس نے سر سید کے دکھ کو سمجھا اور ان کے بلند حوصلوں پر مرہم رکھا۔ انہوں نے مسلم قوم کو پستی سے باہر نکالنے کا ذریعہ تلاش کرلیا۔ سر سید نے حالی سے قوم کو بیدار کرنے کیلئے ایک نظم لکھنے کی خواہش ظاہر کی۔ چنانچہ حالی نے قومی جذبے سے سرشار ہو کر قوم کو بیدار کرنے کیلئے ایک طویل نظم لکھی جو مسدس حالی کے نام سے مشہور ہوئی۔ ایک سچے اور مخلص شاعر کے دل کی آواز کو درد آشنا انسانوں نے سمجھا اور ان کے ہمت و حوصلہ کی داد دی۔ سر سید نے جب اس نظم کو پڑھا تو ان کے دل پر گہرا اثر ہوا۔ انہوں نے بڑے دلکش انداز میں حالی کے اس غیر فانی کارنامے کی داد دی۔ زبان سادہ سلیس اور دل نشین ہے۔ اس نظم کی سب سے بڑی خوبی یہ ہے کہ اس کے بہت سے بند ایسے ہیں جو بغیر چشم نم پڑھے نہیں جاسکتے۔ یہ کتاب بہت مقبول ہوئی اس کی مقبولیت کی بڑی وجہ اس کی حقیقت نگاری ہے۔

حالی کا یہ مسدس سر سید کی تحریک کا ایک جز ہے۔ سر سید کی تحریک بڑی ہمہ گیر اصلاحی تحریک تھی، مذہب، معاشرت، تعلیم، شعر و ادب، انشاء اور صحافت سب اسی کے حلقہ میں آتے تھے۔ سر سید کا مقصد یہ تھا کہ ہندوستان کے مسلمان نئے بدلے ہوئے حالات کا مقابلہ کر سکیں۔ ان میں جدید تعلیم اور روشن خیالی پھیلائی جائے۔ پرانے رسم و رواج، بے ہودہ تقلید اور روایت پرستی کی بیخ کنی کی جائے۔ اخلاق سدھارا جائے۔ قوم اور قومیت کا تصور پیدا کیا جائے۔ قومی عزت اور

عزت نفس کی تعلیم دی جائے۔ سر سید کی ایسی ہمہ گیر تحریک میں ان کے بہت سے شریک کار اور رفیق شامل تھے۔ انہیں میں ایک حالی بھی تھے۔ مسدس حالی ایک اصلاحی نظم ہے جس کا مقصد مسلمانوں کو ان کے ماضی اور حال کی داستانیں سنا کر ترقی کے راستے پر چلنے کیلئے آمادہ کرنا تھا۔

سر سید، حالی کی ان نظموں پر جو مثنویوں کی ہئیت میں پیش ہوئی تھیں، ریویو کرتے ہوئے تہذیب الاخلاق ۱۲۹۲ھ میں لکھتے ہیں:

"مولوی خواجہ الطاف حسین حالی کی مثنویوں نے تو ہمارے دلوں کے حال کو بدل دیا ہے، ان کی مثنوی "حب الوطنی" اور مثنوی "مناظرہ رحم و انصاف" جو پنجابی اخبار میں چھپی ہے در حقیقت ہمارے علم و ادب کا ایک کارنامہ ہے۔ ان کے الفاظ کی سادگی، بیان کی صفائی، عمدگی خیال ہمارے دلوں کو بے اختیار کھینچتی ہے۔ الفاظ کی ترکیب میں سادگی کیسی عمدہ، عمدہ ہیں کہ دل میں اتر جاتی ہیں"۔ حالی کی یہی سیرت اور شاعری کا سر سید احمد خاں کے فکر و فن اور شخصیت پر بڑا گہرا اثر محسوس کیا جا سکتا ہے۔

سر سید خاں نے جو انیسویں صدی کے نصف آخر میں ہندوستان کے سب سے بڑے مدبر تھے ۱۸۵۷ء کے ہنگامے کے بعد تمدن کے بکھرے ہوئے اجزاء کو "قومیت" یا "ملیت" کی تحریک میں سمیٹنے کی کوشش شروع کی۔ سر سید کی ذات میں حالی کو وہ رہنما مل گیا جو قوم کے تصور میں وہ منزل مقصود اور قومی تعلیم کی تحریک میں وہ راہ عمل نظر آگئی جس کی انہیں تلاش تھی۔ اس عزم کا پہلا نتیجہ مدو جزر اسلام تھا جو سر سید کی فرمائش سے ۱۸۷۹ء میں لکھا گیا۔ اس میں شعر حالی کے

دوسرے دور کی کل خصوصیات موجود ہیں۔ تھوڑی سی مدت میں یہ نظم ملک کے اطراف میں پھیل گئی۔ لوگ اس کو پڑھ کر بے اختیار روتے ہیں اور آنسو بہاتے ہیں۔ حالی کی سیرت اور شاعری ہر قدم پر ان کی رہنمائی کرتی ہے اور زبانِ حال سے یہ کہہ رہی ہے۔

نگہ بلند، سخن دل نواز، جاں پر سوز
یہی ہے رختِ سفر میر کارواں کے لئے

***

۳

کرشن چندر- فن و شخصیت : ایک سرسری نظر

ڈاکٹر محمد ظہیر احمد

اردو کے بے حد مشہور ادیب اور افسانہ نگار جناب کرشن چندر پر چند صفحوں میں کچھ لکھنا ایسا ہی ہے جیسے ٹھائیں مارتے ہوئے ایک بیکراں سمندر کو کوزے میں بند کرنا۔ جس طرح ایک سمندر کو کوزے میں بند نہیں کیا جاسکتا، اسی طرح کرشن چندر کی شخصیت، افسانہ نگاری، ناول نگاری اور ڈرامہ نگاری وغیرہ کے پہلوؤں کو مختصر طور پر سپرد قرطاس کرنا نا ممکن نہیں تو مشکل ضرور ہے۔

کرشن چندر ۲۳ نومبر ۱۹۱۴ء کو وزیر آباد ضلع گوجرانوالہ (حال پاکستان) میں پیدا ہوئے۔ ان کے والد کا نام ڈاکٹر گوری شنکر تھا۔ جب کرشن چندر پانچ سال کے تھے تو انہیں مہنڈو (کشمیر کے پرائمری اسکول میں داخلہ دلوایا گیا۔ انہوں نے وکٹوریہ جوبلی ہائی اسکول (پونچھ) سے دسویں جماعت کامیاب کیا۔ پھر اس کے بعد لاہور کے فارمن کرسچن کالج سے سائنس سے ایف ایس سی کیا اور ۱۹۳۴ء میں

انگریزی ادب میں ایم اے کرنے کے بعد ۱۹۳۰ء میں لا کالج لاہور سے ایل ایل بی کی ڈگری حاصل کی۔

کرشن چندر کا رجحان بچپن سے ہی سیاست اور ادب کی طرف مائل تھا، کالج میں تعلیم حاصل کرنے کے دوران انہوں نے مارکس لینن اور ریگلز کی تعلیمات کا گہرا مطالعہ کیا اور سوشلسٹ پارٹی میں شامل ہوئے۔ انہیں بچپن سے ہی اردو داستانوں اور ناولوں سے دلچسپی تھی، انہوں نے اپنا پہلا افسانہ "یرقان" لکھا جو ادبی دنیا لاہور میں شائع ہوا۔ ان کا پہلا ناول "شکست" ہے جسے انہوں نے کشمیر میں رہ کر صرف اکیس دن میں لکھا تھا جو بے حد مقبول ہوا۔

کرشن چندر نہ صرف ہندوستان میں مشہور اور ہر دالعزیز ہیں بلکہ دوسرے ممالک میں بھی لوگ انہیں جانتے، پڑھتے اور پسند کرتے ہیں اور ان کی ناولیں اور افسانے پڑھتے ہیں۔ ان کے منتخب ناولوں کے تراجم انگریزی، روسی، ڈچ، جیک، رومانی، پوستان، ہنگرین، ناروی، سلواک، چینی، سنہائی، کوریائی اور جاپانی زبانوں میں ہو چکے ہیں۔ وہ روس میں بے حد مقبول تھے۔ یہ فخر سب سے پہلے کرشن چندر ہی کو حاصل ہوا کہ ان کی زندگی میں الہ آباد یونیورسٹی کے طالب علم احمد حسین نے ان پر مقالہ لکھ کر پی ایچ ڈی کی ڈگری حاصل کی۔ کرشن چندر کو عالمی امن کوششوں اور ہند سوویٹ دوستی بڑھانے کے سلسلہ میں نہرو ایوارڈ سے بھی نوازا گیا۔ بمبئی اور دلی میں ان کی ۵۵ ویں (پچپن ویں) سالگرہ کے موقع پر جشن کرشن چندر ڈاکٹر ذاکر حسین اور شریمتی اندرا گاندھی کی صدارت میں دھوم دھام سے منایا گیا اور انہیں پدم بھوشن کے اعزاز سے بھی نوازا گیا۔

کرشن چندر کے افسانوں کا آرٹ انفرادیت رکھتا ہے۔ افسانے اور ناول کی نوعیت کے بارے میں وہ کہتے ہیں "افسانے میں بالعموم ایک نقطے کو ابھارا جاتا ہے یا اس میں زندگی کا ایک پہلو یا چند پہلو ہی پیش کئے جاتے ہیں لیکن ایک ناول نگار کو زیادہ ہمہ گیر ہوا چاہئے۔ وہ نہ صرف اپنے کرداروں کی داخلی کیفیات سے واقف ہوتا ہے بلکہ وہ گرد و پیش کی خارجی دنیا سے اور اس کے عوامل سے بھی باخبر رہتا ہے۔ سائنس کی تیز رفتار ترقی نے پرانے نظریات کو اتنی سرعت کے ساتھ فرسودہ اور ناکارہ کر دیا ہے کہ ایک ناول نگار کو نہ صرف اپنے گرد و پیش کی خارجی دنیا اور اس کے داخلی اثرات کا احاطہ کرنا پڑتا ہے بلکہ عمل اور رد عمل کے پورے سلسلہ کو اپنے ذہن میں سمولینے کے لئے دوسرے علوم کا بھی مطالعہ کرنا پڑتا ہے"۔

کرشن چندر کے افسانوں کی تخلیق اردو ہی میں ہوتی تھی اور بعد میں مختلف منشی ان کا رسم الخط تبدیل کرتے تھے۔ پھر افسانے ہندی، مراٹھی، گجراتی، پنجابی میں شائع ہوتے تھے۔ افسانوں کے موضوع وہ گرد و پیش کی دنیا سے لیتے تھے۔ ان کا مشاہدہ ذاتی ہوتا تھا اور کبھی کبھی کتابی بھی افسانوں میں جن کرداروں کو پیش کرتے تھے، وہ ہمارے اطراف ہی موجود رہتے تھے۔ ان کے پاس منظر نگاری کی بہت اہمیت تھی، منظر نگاری کا ایک نمونہ پیش ہے۔

"میں نے آسماں کی طرف دیکھا، دور کہیں کہیں تارے جھلملا رہے تھے اور چنار کی پھیلی ہوئی ٹہنیوں کے درمیان بیچارہ ماہ نو بھی کسی دوشیزہ کے ٹوٹے ہوئے کنگن کی طرح لٹک کر رہ گیا تھا۔ ہوا کے ٹھنڈے ٹھنڈے جھونکے آرہے تھے اور ان کے دوش پر شکارے چلاتے ہوئے پانجیوں کی پر کیف صدائیں لرز رہی تھیں"۔

(بند والی۔ نظارے)

کرشن چندر اپنے افسانوں اور ناولوں میں سرمایہ پرستوں کے خلاف بغاوت کرتے نظر آتے ہیں۔ ان کی تخلیقات جاگیردارانہ ذہنیت کے خلاف ہیں۔ ان کے افسانوں میں لوٹ کھسوٹ، ناانصافی اور سرمایہ پرستوں کے خلاف نفرت پائی جاتی ہے۔ اس طرز کے دو نمونے پیش ہیں۔

"تم جانتے ہو مجھے طوائفیت سے، پرانے ساختی نظام سے کوئی تعلق نہیں۔ میں تو طوائفیت کو مٹا کر عورت اور مرد دونوں کو برابر کا درجہ دینا چاہتا ہوں۔ میں تو ایک ایسا سماج چاہتا ہوں جہاں کوئی کسی پر ظلم نہ کر سکے اور یہ اس وقت ہو سکتا ہے جب سب برابر ہوں۔ مساوات، مکمل مساوات کا حامی ہوں۔ انور بھائی تم میرے قول اور فعل میں کبھی تضاد نہ پاؤ گے۔ یہ فلسفۂ زندگی میری حیات کا جزو عظیم ہے"۔ (ہم سب غلیظ ہیں۔ نغمے کی موت)

وہ زمانہ میرے بچپن کا تھا لیکن اب بڑا ہو جانے پر مجھے مردوں پر کوئی حیرت نہیں ہوتی۔ مردے خوش تھے کہ وہ مر گئے لیکن حیرت ان زندوں پر ضرور ہوتی ہے جو شب و روز ان واقعات و حالات کا غم سہتے ہیں۔ خود اپنی آنکھوں سے اپنی زندگی کے ٹکڑے ہوتے ہوئے دیکھتے ہیں اور کوئی احتجاج کئے بغیر سماج کے مردہ خانے میں پڑے پڑے سڑ جاتے ہیں۔ کرشن چندر قدرت کے بیان کو بھی خوش اسلوبی سے بیان کرتے ہیں۔ ان کی نظر میں انسان اپنی بدنصیبی کا آپ ذمہ دار اور اپنی خوشی کا آپ دشمن ہے۔ ذیل کے اقتباس سے یہ ظاہر ہے۔ اگر ہم غریبی کے اس جہنمی گھروندوں کو نہیں مٹا سکتے تو آؤ اس وادی کو ایک بار پھر ایک بڑی جھیل

بنادیں جس میں گھروندے غرق ہو جائیں تاکہ سورج کی پہلی کرن جاگے تو کہہ اٹھے۔ شکر ہے ابھی انسان پیدا نہیں ہوا"۔ (جھیل سے پہلے، جھیل کے بعد)

کرشن چندر کے افسانوں کا سیاست سے بھی تعلق ہوتا تھا، جیسے کہ ذیل کے نمونوں سے ظاہر ہوتا ہے۔

"انسان ابھی انسان نہیں۔ یہ جنگ جو آزادی، تہذیب اور انصاف کے لئے لڑی جارہی ہے، غالباً آخری نہ ہوگی۔ شائد آخری جنگ اس ظالم جذبے کے خلاف ہوگی جو انسانی محبت کے سرچشمے پر سل رکھ کر زندگی کے اس منبع کو ہمیشہ کیلئے خشک کردینا چاہتا ہے"۔ (حسن)

"انسانوں کو یہ سپنوں کی دنیا کیوں پیاری ہے اور کیوں وہ ان سپنوں کو حقیقت نہیں بنالیتا۔ سورج، پانی، چاند، ہوا کی طرح اگر زمین اور اس کی پیاری پیداوار بھی سب انسانوں میں مشترک ہوئے تو ہر گھر ان سندر سپنوں کا جگمگاتا ہوا شیش محل بن جائے۔ پھر انسان ایسا کیوں نہیں کرتا۔ وہ کیوں غاصب ہے۔ اشتراکی کیوں نہیں، کیا اس میں اتنی سی عقل بھی نہیں کہ اس سیدھی سادی بات کو سمجھ لے"۔

کرشن چندر کی کہانیوں کا انسان جبلی طور پر جمال پرست ہے۔ ذیل کا اقتباس اسے ظاہر کرتا ہے۔

"دھیرے دھیرے ریکارڈ بجنے لگا، وہ ایک چھوٹا سا میٹھا سا گیت تھا، دل کا ایک چھوٹا سا درد لئے ہوئے رومان کی ایک ہلکی سی کسک لئے ہوئے، محبت کے جگنو کی ایک ننھی سی روشنی لئے ہوئے اور وہ دھیرے دھیرے میرے دل میں اترنے لگا۔ جیسے زلف رخسار پر اترتی ہے۔ جیسے چاندنی ساحل پر اترتی ہے۔ جیسے سیپ سمندر

کی تہہ میں اترتی ہے اور منہ کھولے محبت کے پہلے موتی کا انتظار کرتی ہے"۔(گیت اور میں)

کرشن چندر نہ صرف چیزوں کو دیکھتے تھے بلکہ ان کی گہرائی میں بھی اترنے کی کوشش کرتے تھے۔ مثلاً انہوں نے ذیل کے اقتباس میں سبز رنگ کے بارے میں لکھا تھا۔

"غالیچہ کا رنگ سبز تھا۔ ایسا سبز جیسا گہرے سمندر کا ہوتا ہے۔ ایسا سبز جیسا موسم بہار کا ہوتا ہے۔ یہ ایک خطرناک رنگ ہے۔ اسے دیکھ کر شارک مچھلیوں کی یاد آتی ہے اور ڈوبتے ہوئے جہازوں کی چیخ و پکار سنائی دیتی ہے۔ اچھلتی ہوئی طوفانی دیو ہیکل لہروں کی گونج اور گرج رعشہ پیدا کر دیتی ہے۔(غالیچہ)

کرشن چندر کے افسانوں کا مجموعہ جس میں پشاور اکسپریس وغیرہ افسانے شامل ہیں۔ انسانوں کو ایک دوسرے سے قریب لانے میں ایک بہترین کوشش ہے اور انسانوں کو یہ پیغام پہنچاتا ہے کہ وہ ہندو یا مسلمان ہونے کے علاوہ انسان بھی ہیں۔ اس سلسلہ میں بچوں کیلئے لکھا ہوا کرشن چندر کا ناول الٹا درخت بھی ہے جس میں یہ بتلایا گیا ہے کہ انسان خواہ کالا ہو یا گورا اس کا خون سرخ ہی ہوتا ہے !!

کرشن چندر نے بے شمار افسانے اور کئی ناول لکھے ہیں۔ افسانوں اور ناولوں کے علاوہ انہوں نے کئی ڈرامے اور رپورتاژ بھی لکھے ہیں۔ ان کے لکھے ہوئے مشہور افسانوی مجموعے نغمے کی موت، ان داتا، اجنتا سے آگے، سمندر دور ہے، طلسم خیال، تین غنڈے، ہم وحشی ہیں، دل کسی کا دوست نہیں ہیں۔ ان کی مشہور ناولیں شکست، دل کی وادیاں سو گئیں، باون پتے، ایک گدھے کی سرگزشت، سڑک واپس

جاتی ہے، برف کے پھول، گنگا بہے نہ رات، کاغذ کا ناو، پانچ لوفر، ایک وائلن سمندر کے کنارے، درد کی نہر، ہیں۔

کرشن چندر کو نہ صرف ہندوستان بلکہ سارے ایشیا کا عظیم افسانہ نگار اور ادیب مانا جاتا ہے اور قابل فخریات یہ ہے کہ وہ اردو کے افسانہ نگار اور ادیب تھے اور یہ اردو کی عظمت کا زندہ ثبوت ہے۔ اور یہ آسمان ادب کا سورج ممبئی میں ۸ مارچ ۱۹۷۷ کو ہمیشہ کیلئے غروب ہو گیا۔!!

***

۴

مایہ ناز ادیب و مفکر حضرت مولانا سید محمد واضح رشید ندویؒ

ڈاکٹر محمد فضیل ندوی

زندگی کے اس بھاگ دوڑ میں اچانک ایسے حالات اور واقعات پیش آجاتے ہیں جو ہمارے خیالات و تصورات سے بالاتر ہوتے ہیں اور جس کے وقوع سے ہمارے اندر اضطراب و بے چینی کی کیفیت پیدا ہو جاتی ہے۔ مگر اللہ کی مرضی کے سامنے سر تسلیم خم کرنے کے سوا کوئی چارہ نہیں ہوتا۔ عالم اسلام کی عظیم شخصیت حضرت مولانا سید محمد واضح رشید ندویؒ معتمد تعلیمات دارالعلوم ندوۃ العلماء لکھنو، اچانک اس دارِ فانی سے رحلت فرما گئے۔ انا اللہ وانا الیہ راجعون

موت اس دنیا کی ایک ایسی اٹل حقیقت ہے جس سے انکار نہیں کیا جا سکتا لیکن موت ایسی ہو کہ جینے والے رشک کریں اور گزرنے والا اپنے پیچھے انمٹ نقوش چھوڑ جائے اور اپنے کام و جذبہ سے ہر ایک کو اشکبار کر جائے تو ایسی موت قابل رشک ہوتی ہے۔

مورخہ ۱۶ جنوری ۲۰۱۹ء کی صبح ابھی نمودار نہیں ہوئی تھی اور نماز فجر کا وقت قریب سے قریب تر ہوتا جارہا تھا کہ اسی درمیان حصرت مولانا سید محمد واضح رشید ندویؒ نے داعی اجل کو لبیک کہا اور اپنی جان جاں آفریں کے سپرد کردی۔ مرحوم دارالعلوم ندوۃ العلماء کے موقر استاد، معتمد تعلیمات اور عربی میں شائع ہونے والے عربی مجلہ "الرائد" کے ایڈیٹر تھے۔

آپ کی ولادت تکیہ کلاں شاہ علم اللہ رائے بریلی میں ہوئی، آپ نے دارالعلوم ندوۃ العلماء سے تعلیم مکمل کرنے کے بعد علیگڑھ یونیورسٹی سے انگریزی میں گریجویشن کیا۔ گریجویشن کے بعد آل انڈیا ریڈیو میں ۱۹۵۳ء سے ۱۹۷۳ء تک خدمات انجام دی۔ اس کے بعد ندوۃ واپس آگئے اور اپنے درس و تدریس سے ہزاروں لاکھوں تشنگاں علوم کو بہرہ ور فرماتے رہے۔ اللہ تعالیٰ نے مرحوم کو عربی زبان و ادب میں خاص ملکہ عطا فرمایا تھا۔ چنانچہ درس و تدریس کے علاوہ کلیۃ اللغۃ العربیۃ کے عمید بھی رہے اور "الرائد" کے ایڈیٹر بھی۔ تصوف و سلوک میں حضرت مولانا سید محمد رابع حسنی ندوی کے خلیفہ تھے۔ آپ ہمیشہ غور و فکر میں مستغرق رہتے تھے۔ اگر ایک طرف ملت اسلامیہ ہندیہ کے مسائل پر گہری نظر رکھتے تو دوسری جانب عالم اسلام کے مسلمانوں کیلئے ہر لمحہ بے چین و مضطرب رہتے اور اپنے فکری مضامین کے ذریعہ قوم وملت کے سلگتے ہوئے مسائل کو حل کرنے کی کوشش کرتے۔ صیہونیت، صلیبیت، جیسے موضوعات پر پر مغز محاضرات دیا کرتے تھے۔ اس میں کوئی شک نہیں کہ آپ عالم دین، بے باک، صحافی، داعی اسلام مایہ ناز ادیب، مفکر و دانشور تھے۔ نیز کئی اداروں کے سربراہ سرپرست بھی تھے۔ اس کے

علاوہ اردو و عربی کتابوں کے مصنف تھے۔ آپ کی اردو تصانیف میں سے چند اہم کتابیں یہ ہیں۔

(۱) محسن انسانیت ﷺ (۲) مسئلہ فلسطین (۳) اسلام مکمل نظام زندگی، اندیشے تقاضے اور حل (۴) سلطان ٹیپو شہید، ایک تاریخ ساز قائد وغیرہ۔ عربی میں بھی آپ نے کئی کتابیں تحریر فرمائی جن میں سے چند کے نام قابل ذکر ہیں۔

(۱) تاریخ الادب العربی، العصر الجاہلی (۲) الدعوۃ الاسلامیۃ و مناھجھا فی الھند (۳) الامام احمد بن عرفان الشھید (۴) مصادر الادب العربی (۵) الشیخ ابوالحسن، قائد وحکیما

آپ نے عربی صحافت کو جو بلندی عطا فرمائی وہ تمام اہل قلم کیلئے قابل رشک ہے، جب جب مغربی طاقتوں نے سر چڑھ کر اسلام کے خلاف پروپگنڈہ کیا تو ایسے حالات میں مولانا کا قلم کبھی خاموش نہیں رہا۔ آپ نے صاف ستھرے انداز میں اس کا جواب دیا۔ اللہ تعالیٰ نے آپ کو علم کے ساتھ حلم بھی عطا فرمایا تھا تواضع، خاکساری، انکساری، سادگی، نرم خوئی اور جو بھی کمالات وصفات ہوسکتے ہیں، ان تمام کمالات وصفات سے آپ متصف تھے۔ اللہ تعالیٰ آپ کے درجات کو بلند فرمائے۔ آمین

ہزاروں سال نرگس اپنی بے نوری پہ روتی ہے
بڑی مشکل سے ہوتا ہے چمن میں دیدہ ور پیدا

***

۵

اردو کی بقا و مستقبل

ڈاکٹر محمد ناظم علی

اردو کے معنی لشکر کے ہیں، یہ زبان ہندوستان کے دو آبے میں پیدا ہوئی۔ دلی کے اطراف و اکناف میں جنم ہوا۔ یہ زبان کھڑی بولی سے نکلی ہے اور پورے ہندوستان میں شعر و شاعری نثر کے ذریعہ پھیل گئی ہے۔ تاجر، اہل صرف، ولی اسد اور دیگر طبقات کے ذریعہ اس زبان کو پھیلنے کا موقع ملا اور برسہابرس کے عمل دخل کے بعد زبان تشکیل پاتی ہے۔ حضرت امیر خسرو اس کے پہلے شاعر مانے جاتے ہیں۔ شاعر اور نثر نگاروں نے اسکی ترویج و اشاعت میں اہم کردار ادا کیا ہے۔ اب یہ زبان ہندوستان کی بے پایاں خدمت انجام دے رہی ہے۔ اس نے جنگ آزادی میں کلیدی رول ادا کیا ہے۔ عصر حاضر میں مختلف محکموں شعبوں میں اس کا چلن کم ہوتے جارہا ہے۔ تعلیمی محکموں میں انگلش میڈیم کے غلبہ سے اردو تعلیمی اداروں سے بتدریج ختم ہوتے جارہی ہے۔ لوگ اور اردو داں طبقہ روزگار کیلئے انگلش میڈیم سے تعلیم حاصل کرنے کو ترجیح دے رہے ہیں۔ تخلیقی اعتبار سے اس کے سوتے حشک نہیں ہوئے، تخلیقی عمل یعنی شاعری اور نثر لوگ لکھ رہے ہیں۔ عوام

میں اس کا چلن بھی کمزور پڑ گیا ہے۔ اردو کو عوام سے جوڑنا ناگزیر ہے۔ جب تک اردو کو عوام سے ہم آہنگ نہ کریں گے، وہ کیسے ترقی پائے گی۔ ۱۹۴۷ء سے پہلے عوام میں مروج تھی، سماج کے دیگر طباقت نے اسکو گلے لگایا، اپنایا، اس کو اپنا اوڑھنا بچھونا بنایا لیکن آج یہ مبان سماج کے ایک طبقہ تک محدود ہوگئی ہے۔ اس کو بنیادی سطح سے فروغ دینا ضروری ہے، اردو کے ابتدائی اسکول بند ہو رہے ہیں۔ ضلع پریشد اسکولوں میں اردو پڑھنے والوں کی تعداد کم ہوتے جا رہی ہے، اس کے ذمہ دار اردو والے ہیں، اردو والے ٹھوس پلان منصوبے نہیں بناتے اور نہ حکومت کے سامنے دانش مندانہ انداز سے پیش کرتے ہیں، ہر اردو اسکیم پر Discuss کرنا ضروری ہے، اس کے منفی و مثبت اثرات پر غور کرنا ضروری ہے۔ اردو کا نیا سسٹم شروع کرنے سے پہلے پرانے سسٹم پر غور کرنا ہوگا۔ اب حکومتوں کی مدد کے اعلان اہل اردو کی توجہ کی محتاج ہے۔ اردو والے اپنے بچوں کو اردو پڑھانا نہیں چاہتے۔ اردو کی نئی نسل انگریزی کی طرف مائل ہوتی جا رہی ہیں۔ ایسے عمل کو روکنے کی ضرورت ہے۔ اردو سے محبت دم بھرنے والی تنظیمیں بہت زیادہ ہیں اور اردو کام و کاز کرنے کیلئے بہت سی تنظیمیں ہیں لیکن پھر بھی اردو کا وہ موقف نہیں ہے جو ما قبل آزادی تھا، اس کی وجوہات پر غور کرنا ہوگا اور جو خامیاں و کمزوریاں ہیں، اس کو دور کرنا ہوگا۔ آج کے دور میں اردو پڑھنے والوں کا موقف معاشی اعتبار سے بہت کمزور ہے اور معاشی طور پر کمزور طبقہ کے بچے ہی اردو پڑھ رہے ہیں۔ دولت مند لوگوں کے بچے انگریزی میڈیم سے تعلیم حاصل کر رہے ہیں۔ اب اردو مسلمانوں کی زبان نہیں رہی، یہ ملک و قوم کی زبان ہے لیکن اس کے پڑھنے والے کہاں ہیں۔ اردو کے لئے

اردو والوں کا تعاون نہ ہونے کی وجہ سے اردو سرکاری و خانگی ادارے بتدریج بند ہورہے ہیں۔ اردو سے کسی کو حقیقی محبت نہیں۔ اردو والے اردو کے جلسے جلوس نکال کر خوش ہیں۔ اردو کے موقف کا باریک بینی سے جائزہ لینا ہوگا۔ یہ زبان ٹکنالوجی سے مربوط ہوگئی ہے، عصری تقاضوں سے ہم آہنگ ہے۔ اردو کے جدید ادارے کوشاں ہیں لیکن کوئی اردو کی بنیادی جڑیں مضبوط کرنے کیلئے جدوجہد نہیں کر رہا ہے۔ بنیادی مصبوط ہونا چاہئے۔ ہندوستان میں اردو کا بنیادی کام باقی ہے۔ بنیادی کام کی ٹھوس انداز سے ضرورت ہے۔ اردو والے ہی اردو کے خلاف ہے تو کون اردو کا ساتھ دے گا؟ پتہ نہیں آئندہ کوئی مل جائے پاسباں مل گئے کعبہ کو صنم خانے سے

آئندہ مستقبل میں کسی اور طبقہ سے ہے۔ اردو کی مدد کرنے والے مل جائیں گے۔ اپنی زبان سے مخالفت نہیں کرنی چاہئے۔ اردو بول چال کی حد تک محدود ہوجائے گی۔ اب اردو کے قومی ریاستی سطح کے ہندو عنقا ہوتے جارہے ہیں حکومت کی سرپرستی بھی برائے نام ہوتی ہے۔ عصری دور میں اردو صحافت کے ذریعہ زندہ ہے۔ اگر پرنٹ میڈیا بھی کمزور پڑجائے تو اردو کی ترقی ماند پڑجائے گی۔ کوئی پرسان حال نہیں ہوگا۔ اردو کی ہمہ جہت ترقی کیلئے اہل اردو، اردو والے آگے آئیں اور اردو کو زندہ رکھیں، دراصل اردو والے اردو سے دور ہوتے جارہے ہیں۔ اس کے موقف پر نظر ڈالیں تو اردو پڑھنے والے سرکاری اسکول میں کم ملیں گے۔ اردو کو حقیقی خدمات گار نہیں مل رہے ہیں۔ اردو میں صرف نمائش کام ہورہا ہے۔ ٹھوس اور بنیادی معیاری کام کی ضرورت ہے۔ اردو یونیورسٹی تو اردو کے درس و تدریس کی حد

تک محدود ہو گئی ہے۔ اردو کے بنیادی کام سے اردو کے اعلیٰ تعلیمی منصوبے مکمل ہوں گے۔ ہندوستان کے ہر اسٹیٹ میں اردو کا موقف بہت کمزور ہے۔ ہندی ریاستوں میں ہندی کا غلبہ ہے۔ جنوب، جنوبی زبانوں کا غلبہ ہے، ریاستی و قومی سطح پر اردو کے فروغ کا ضروری ہے۔ اردو کو سیاسی مسئلہ بنایا گیا اور اردو کی مخالفت کی جاتی ہے۔ باطنی طریقہ سے اردو کو ختم کرنے کی کوشش کی جارہی ہے۔ اردو کا تدریسی عملہ اگر محنت کرے تو اردو نئی نسل میں زندہ رہے گی۔ تقویت و فروغ پائے گی۔ اردو کا ادب بہت ہے لیکن اردو پڑھنے والے نہیں ہیں تو اردو تصانیف کتابیں کون پڑھے گا۔ ایک زمانہ تھا ماحول میں اردو کی بہار تھی، ہر کوئی اردو شاعری، ناول، کتب پڑھا کرتے تھے۔ اب نصابی کتب خرید کر پڑھنا ناگوار گزار رہا ہے۔

***

٦

روسی انقلاب اور علامہ اقبال مارکس کمیونزم کا خالق عالمی دانشور

ڈاکٹر مسعود جعفری

کارل مارکس ان آفاقی شخصیات میں سے ایک ہے جس نے وقت کا رخ پھیرا۔ تاریخ کا دھارا بدلا۔ خیالات کی دنیا میں ہلچل بپا کر دی۔ اقطائے عالم کو امیر غریب کے دو حصوں میں تقسیم کر دیا۔ ڈارون نے اگر مرد اور عورت پر روشنی ڈالی تو مارکس نے سرمایہ دار اور محنت کش طبقہ کی بات کی۔ مارکس کی ۱۸٦۷ء میں لکھی ہوئی کتاب داس کیپٹل Das Capital دنیا کے دہقانوں، مزدوروں اور مظلوم انسانوں کے لئے انجیل بن گئی۔ مارکس نے نئے تصورات روشناس کئے۔

طبقاتی کشمکش، افراطِ زر کا نظریہ، استحصال کی تھیوری، پرولتاریہ کی حکومت، ریاست کی تحلیل مارکس نے نہ صرف انیسویں صدی بلکہ بیسویں صدی کو اپنی فکر و فلسفہ سے متاثر کیا۔

مارکس پروشیا جدید جرمن کا رہنے والا تھا۔ اس نے مختلف جامعات میں اپنی

پڑھائی کی جیسے بان برلن اور جینا میں اس نے اعلیٰ تعلیم حاصل کی اور ڈاکٹریٹ کی ڈگری حاصل کی۔ مارکس نے پیرس کا بھی دورہ کیا۔ وہ اپنے گہرے دوست اینگلس کے ساتھ لندن گیا اور وہیں سکونت اختیار کرلی۔ مارکس کی معاشی حالت بہت خستہ تھی۔ لندن میں وہ ایک چھوٹے سے کمرے میں اپنی بیوی بچوں کے ساتھ رہتا تھا۔ اس کی شریک حیات تپ دق میں مبتلا تھی۔ اس کے تھوک میں خون آتا تھا۔ گھر کے ایسے دلخراش ماحول میں مارکس داس کیپٹل تصنیف کر رہا تھا۔ اس کے جسم پہ شرٹ تھا نہ جیب میں پیسے۔ جب وہ کتاب لکھ چکا تو اسے پوسٹ کرنے کیلئے اس کے پاس پیسے نہیں تھے۔ وہ قلاش تھا۔ اس کے دوست کی مدد سے کتاب اشاعت کے مرحلوں سے گزر سکی۔ مارکس کو کیا خبر تھی کہ داس کیپٹل دنیا کیلئے دوسری بائیبل ثابت ہوگی۔ محنت کشوں کے لئے نوید صبح ہوگی۔ ایک نئے دور کی شروعات ہوگی۔ اس سے سماجی اقتصادی نیز سیاسی انقلابات کی راہیں ہموار ہوئیں۔

کارل مارکس جرمن یہودی تھا لیکن اس نے یہودیت کو خیرباد کہہ دیا تھا۔ اس نے ہندوستان میں ۱۸۵۷ میں ہونے والے غدر کو طبقاتی کشاکش سے تعبیر کیا۔ مارکس کا یقین تھا کہ طبقاتی جدوجہد میں آخر میں فتح مظلوموں کی ہوتی ہے۔ سرمایہ داروں کو شکست فاش ہوتی ہے۔ Have اور Have nots میں مسلسل آویزش ہوتی رہتی ہے۔ اس میں ورکنگ کلاسس کو کامیابی ملتی ہے۔ مارکس کی وفات ۱۸۸۳ ء میں ہوئی۔ اس کی لندن میں تدفین ہوئی۔ اس کے انتقال کے ۳۴ برس بعد اکتوبر ۱۹۱۷ء میں مملکت روس میں کمیونزم کا خوں ریز انقلاب آیا۔ شہنشاہ زار کی حکومت کا تختہ الٹ دیا گیا۔ انقلاب کا رہنما لینن تھا۔ زار کے سیاہ ظالمانہ دور کا خاتمہ ہوگیا۔

سماجی و معاشی مساوات قائم کی گئی۔ روس دنیا کا پہلا ایسا ملک بن گیا جہاں پہلی دفعہ کسانوں مزدوروں کی مملکت تشکیل دی گئی۔ اب روس سویت یونین بن گیا تھا۔ شاعر مشرق علامہ اقبال روس کے انقلاب سے بہت متاثر ہوئے۔ انہوں نے مارکس کے تعلق سے کہ وہ پیغمبر نہیں ہے لیکن اس کی بغل میں ایک کتاب ہے۔ اقبال کا اشارہ داس کیپٹل Das Capital کی طرف تھا۔ جس نے کائناتی سوچ میں ایک نمایاں تبدیلی پیدا کی۔ امیر غریب کے درمیان ایک خط فاصل کھینچ دی۔ سرمایہ داری کی چیرہ دستیوں کو عیاں کیا۔ دنیا کے غریبوں کے منہ میں زبان اور ان کے نحیف و نزار ہاتھوں کو طاقت عطا کی۔ اقبال نے ۱۹۱۷ء کے روسی سنگھرش اور کرانتی کا پرتپاک خیر مقدم فرمایا۔ اقبال نے پکار کے کہا۔

آفتاب تازہ پیدا بطن گیتی سے ہوا
آسماں ٹوٹے ہوئے تاروں کا ماتم کب تلک

اقبال نے ایک نظم بولشِک روس کے نام سے لکھی اور اس میں نہایت چونکا دینے والے افکار شعری پیرہن میں پیش فرمائے۔ آپ بھی ملاحظہ کر سکتے ہیں۔

روش قضائے الٰہی کی ہے عجیب و غریب
خبر نہیں کہ ضمیر جہاں میں ہے کیا بات
ہوئے ہیں کسر چلیپا کے واسطے مامور
وہی کہ حفظ چلیپا کو مانتے تھے نجات
یہ وحی دہریت روس پر ہوئی نازل
کہ توڑ ڈال کلیسائیوں کے لات و منات

اقبال ایک طاقتور لفظ وحی استعمال کر رہے ہیں جو منجانب خدا نازل ہوتی ہے۔ اقبال لات و منات جیسے بتوں کی تلمیح بھی دے رہے ہیں۔ کہہ رہے ہیں کہ انہیں پاش پاش کر دو جس طرح اسلامی تاریخ میں مکہ کے انقلاب یعنی فتح مکہ کے بعد رسول اکرم نے حرم سے تین سو ساٹھ بتوں بشمول لات و منات کو ہٹا ڈالا۔ کعبہ کو اصنام کے وجود سے پاک کر ڈالا اسی طرح روس کے چرچوں سے بتوں کا صفایا کر دے۔ یہی روس کی روح انقلاب ہے۔ اقبال اپنی ایک نظم اشتراکیت میں واضح طور پر فرماتے ہیں کہ جو بات خدائے تعالیٰ نے حرف قل العفو میں ارشاد فرمائی ہے، اس کی عملی صورت گری روس میں آشکار ہونے لگی ہے۔ یعنی سماجی مساوات و عدل و انصاف۔ سیاسی، اقتصادی، سماجی و مذہبی استحصال سے ادمی کو نجات۔ اقبال کے روح پرور اشعار کا دیدار کیجئے۔

قوموں کی روش سے مجھے ہوتا ہے یہ معلوم
بے سود نہیں روس کی یہ گرمئ گفتار
اندیشہ ہوا شوخی افکار پہ مجبور
فرسودہ طریقوں سے زمانہ ہوا بیزار
انساں کی ہوس نے جنہیں رکھا تھا چھپا کر
کھلتے نظر آتے ہیں بتدریج وہ اسرار
قرآن میں ہو غوطہ زن اۓ مرد مسلماں
اللہ کرے تجھ کو عطا جدت کردار
جو حرف قل العفو میں پوشیدہ ہے اب تک

اس دور میں شاید وہ حقیقت ہو نمودار

اقبال نے ایک ایسے منصفانہ معاشرہ کی امید کی تھی جہاں انسانی قدروں سے غلامی کی زنجیریں ٹوٹ جائیں گی۔ انسان کی انسان پر مطلق الانانیت کا بول بالا نہ ہو گا۔ اسی بند میں اقبال مسلمان کو تلقین کرتے ہیں کہ وہ اپنے میں جدت کردار پیدا کرے۔ لکیر کا فقیر نہ بنے۔ فکری سطح پر جامد نہ ہو جائے۔ فکر و تدبر سے کام لے۔ جدت طرازی یعنی Innovative رہے۔ حرکیاتی کردار رہے۔ بے عملی کی برف پگھلے۔ نئی دریافتیں کرے۔ ستاروں پہ کمندیں ڈالے۔ کائنات کو تسخیر کرے۔

اقبال یہیں تک نہیں رکتے وہ روسی انقلاب کے قائد لینن کو خدا کے حضور پہونچا دیتے ہیں اور وہ خدا سے مکالمہ کرنے لگتا ہے۔ آپ اس کی عرض تمنا دیکھئے۔

تو قادر و عادل ہے مگر تیرے جہاں میں
ہیں تنگ بہت بندہ مزدور کے حالات
کب ڈوبے گا سرمایہ پرستی کا سفینہ
دنیا ہے تری منتظر روز مکافات

لینن دنیا سے سرمایہ داری کا خاتمہ چاہتا ہے۔ منشا مزدوروں، دہقانوں کی فلاح و بہبود ہے۔ اقبال کے اشعار آتش و شرارے اگلنے لگتے ہیں۔ ان میں ایک عتاب اور جلال پیدا ہو جاتا ہے۔ اقبال اپنے خیالات خدا کی زبان سے کہلواتے ہیں۔ اس انقلابی نظم کا عنوان ہے فرمان خدا فرشتوں سے۔

اٹھو مری دنیا کے غریبوں کو جگا دو
کاخ امراء کے در و دیوار ہلا دو

سلطانی جمہور کا آتا ہے زمانہ
جو نقش کہن تم کو نظر آئے مٹا دو
جس کھیت سے دہقاں کو میسر نہیں روزی
اس کھیت کے ہر خوشہ گندم کو جلا دو
میں ناخوش بیزار ہوں مرمر کی سلوں سے
میرے لئے مٹی کا حرم اور بنا دو

اس پوری نظم کا رنگ و آہنگ انقلابی ہے۔ اقبال یہاں تک کہتے ہوئے نہیں چوکتے۔

بہتر ہے چراغ حرم و دیر بجھا دو

ایک آتش فشاں لاوا ہے جو ابل رہا ہے۔ چاہتا ہے کہ امیروں کے قصر و ایواں کو جلا کر بھسم کر دے۔ فرسودہ و کہنہ نظام کو جلا کر خاکستر کر دے۔ ایک نئے عادلانہ نظام نو کی تخلیق کی جائے۔ جہاں ہر فرد بشر کو روٹی کپڑا امکان دستیاب ہو۔ ہر چہرے پر تبسم ہو۔ ہر آنکھ میں خوشی کے چراغ ہوں۔ سوسائٹی ہر نوع کے ظلم و ستم اور استحصال سے محفوظ رہے۔ ہندوستان اس کسوٹی پر اترا اور نہ ہی پاکستان و افغانستان۔ یہ تصور ایک Ideal State بن کر رہ گیا۔

***

۷

اردو غزل - ایک مطالعہ

ڈاکٹر منیر الزماں منیر

ہر زبان کی ایک تہذیب ہوتی ہے اور ہر تہذیب کی ایک زبان۔ غزل ہماری زبان کی تہذیب سے عبارت ہے اور ہماری تہذیبی زبان کا بھی درجہ رکھتی ہے۔ غزل ہمارے اجتماعی شعور کا حصہ ہے اور ثقافتی زندگی کا مرکزی حوالہ بھی۔ اسے محض ایک مقبول صنف سخن کے طور پر دیکھنا سراسر ناانصافی ہے۔ ایک ذرا غور کیجئے تو محسوس ہوگا کہ غزل کی قدر غیر معمولی طور پر ہمارے فکر و نظر اور شعور اعتقادات و تصورات اور جذبات و احساسات کی ترجمان بن گئی ہے۔ یہ احساس انفرادی و اجتماعی دونوں سطحوں پر یکساں ہے۔ اس کی یہی خوبی اسے ہماری معاشرتی زندگی کا حصہ بنا دیتی ہے۔ یہ کہنا غلط نہ ہوگا کہ غزل ہماری سماجیات کے جسم میں روح کی حیثیت رکھتی ہے۔ اپنے روزِ اول سے لیکر عصرِ حاضر تک طبقاتی حد بندیوں کو توڑ کر سماجی مساوات کے قیام میں غزل نے وہ کارنامہ انجام دیا جو نظریوں اور رجحانوں کے بس کی بات نہ تھی۔ یہاں شاہ بھی فقیر ہیں اور فقیر بھی شاہ سے افضل۔ کسی شاہ کو کوے یار میں دو گز زمین بھی نہ ملنے کا غم ہے تو کسی فقیر کو آفاق

کی شیشہ گری کا زعم ہے۔ لطیف یہ ہے کہ غزل کے حوالے سے طبقاتی تفریق و کشمکش اور سماجی نابراری کا ہر احسامٹ جاتا ہے کیونکہ

ہم ہوئے، تم ہوئے کہ میرؔ ہوئے
اُس کی زلفوں کے سب اسیر ہوئے

اسی لئے اردو کے مشہور ادیب اور دانشور پروفیسر آل احمد سرور نے بجا فرمایا ہے کہ:

"اردو شاعری کا شاہکار غزل ہے"۔

غزل اردو شاعری کی آبرو ہے جو بڑی بلاغت کے ساتھ اچھے خیالات ادا کر سکتی ہے۔ دریا کو کوڑے میں بند کر سکتی ہے۔ اس کا حسن بے ساختگی اور لطافت کا حسن ہے گویا غزل سخت جان بھی ہے اور نازک اندام بھی۔

غزل کا تخلیقی عمل صدیوں سے جاری ہے اور ہر عہد میں غزل گو شعراء کی تعداد بہت زیادہ رہی ہے لیکن صرف وہی شعراء جنیون کہلائے جنھوں نے شعر و ادب کا عمیق مطلعہ کیا، فن کی باریکیوں کو سمجھا، لوازم شعری سے واقفیت حاصل کی اور فکر و اظہار کی انفرادیت کو پیش نظر رکھ کر تخلیقی کارنامے انجام دیئے۔

اردو کے مشہور نقاد شمیم حنفی نے غزل کے متعلق بصیرت افروز بات کی ہے:

"غزل کو سمجھنا ایک تہذیب میں سفر کرنا ہے۔ یہ تہذیب ماضی کو حال سے منہا نہیں دیتی۔ بین الاقوامیت تک جاتی بھی ہے تو اپنی قومیت کے حوالے کے ساتھ"۔

غزل کی تہذیب، اس کی معنی آفرینی سادہ بیانی اور فکری دلکشی سے وہی غزل

تہذیب بن سکتی ہے جس میں ہر سطح کے قاری اور سامع کو متاثر کرنے کی خوبی ہو۔ غزل آپ بیتی بن کر ہی جگ بیتی بنتی ہے گویا اس کا سفر داخل سے خارج کی طرف ہوتا ہے۔ اس سفر میں شاعر کی ذات سے وابستہ ہر حسیت، ہر منشور، ہر فلسفہ اور فکری بصیرت کا وسیلہ اس کے ساتھ ہوتا ہے۔ غزل میں شاعری کی سوانح بھی نظم ہوتی ہے اور اس کی ذات بھی سمندروں میں قطروں کی طرح ریت میں زروں کی طرح اور روشنی میں اندھیروں کی طرح غیر محسوس طریقے پر جذب ہوتی رہتی ہے۔

ڈاکٹر ظہیر احمد صدیقی نے غزل کے متعلق بڑی اہم باتیں لکھی ہیں۔ "غزل کا ایک مزاج یہ بھی ہے کہ وہ خطیبانہ لب ولہجہ کی متحمل نہیں ہوسکتی اس کے بعد یہ سوال پیدا ہی نہیں ہوتا کہ اس کو کسی پروپگنڈے کا ذریعہ بنایا جائے۔ غزل میں جب بھی عصر حاضر کے مسائل کا ذکر ہوگا تو آپ بیتی کے رنگ میں پیش کرنا ناگزیر ہوگا "۔

غزل کے شعر میں شاعری کی خود آگہی نئی حسیت، ادبی بصیرت اور تخلیقی شعور تو منعکس ہوتا رہتا ہے۔ ان میں کرب کی آنچ، فکر کی شعلگی اور اندر ہی اندر سلگنے والی کیفیت بھی موجود ہوتی ہے جو ماحول کے جبر اور قدروں کی زبوں حالی کی دین ہوتی ہے۔ شاعر کے اندر کی آگ جب شعر کے پیکر میں ڈھلتی ہے تو معاشرتی عتاب، انسانی کرب ناکی، طبقاتی رد عمل، نارسائیوں کا الم یہ اور ریاسیت کا منظر نامہ بن جاتی ہے۔

بقول حافظ عبد الرحمن:

"کلام دل میں ہوتا ہے۔ زبان و بیان سے نکلنے والے الفاظ اس پر دلالت کرتے ہیں"۔

غزل وہ صنفِ سخن ہے جس نے ہر موڑ پر ہماری ذہنی زندگی کا ساتھ دیا ہے۔ اپنی انتہا پسندی کے دور میں ترقی پسندوں نے اسے ضرور معتوب ٹھہرایا لیکن یگانہؔ، فراقؔ، جگرؔ اور کچھ دوسرے اہم شعراء نے ان دنوں بھی اس کا علم بلند کیا۔ خود ترقی پسندوں کی صفوں میں بھی ایسے شاعر موجود تھے جنہوں نے غزل کا دامن کبھی نہیں چھوڑا۔ جیسے فیض، جذبیؔ اور مجروحؔ وغیرہ ترقی پسندوں کے زوال اور جدیدیت کے فروغ کے ساتھ غزل کا بھی احیاء ہوا ہے۔ جدید شاعروں کی کاوشوں سے غزل کا معنوی افق بھی وسیع ہوا ہے اور غزل کی زبان میں بھی نئی تخلیقی طاقت، تحریک، توانائی اور تمکنت آئی ہے۔

غزل کی تازہ کاری پر کبھی وقت کی گرہ نہیں جم سکتی۔ غزل اپنی مستحکم روایتوں کے ساتھ آج بھی زندہ ہے اور اردو زبان زندہ رہی تو قیامت تک زندہ و پائندہ رہے گی۔

غزل

جس کی توقع کوئی نہیں تھی، میرے گھر وہ آئے تو
تھما تھما سا جو رہتا تھا، اس دل کو دھڑکائے تو
کیا ہوتی ہے دل کی دھڑک "لحوئی اسے دھڑکائے تو
میں تو سمجھنا چاہ رہا ہوں، کوئی مجھے سمجھائے تو
کھیتوں کی پگڈنڈی پر میں دوڑ رہا تھا ایسے میں

میرے آگے آگے وہ بھی آنچل کو لہرائے تو
سناٹا چھایا رہتا ہے گھر میں گھر کے باہر بھی
گھر میں رونق آجاتی ہے، کوئی آئے جائے تو
یوں غمگین بنے بیٹھے ہیں، مجھ پر غصہ تھا ان کو
میرا لطیفہ سنکر وہ بھی دھیرے سے مسکرائے تو
میلے میں میں گھوم رہا ہوں، مقصد ہی ہے ساتھ منیرؔ
لڑکی پسند اب کے کرتا ہوں، ہاں صورت بھلائے تو

***

۸

مقامِ دعوت و عزیمتِ دعوت

از مولانا ابو الکلام آزاد

سید نصیر الدین احمد

دعوت کا مقام دوسرا ہے اور عزیمتِ دعوت کا دوسرا۔ ضروری نہیں کہ ہر رہرو کی یہاں تک رسائی ہو۔ عہدِ ظہورِ دعوت میں ہزاروں اصحابِ علم و کمال موجود ہوتے ہیں مگر دروازے کھولنے والا صرف مجدد العصر ہی ہوتا ہے اور اسکے ظہور کیلئے ضروری نہیں کہ عامۂ اصحاب علم و حق بالکل معدوم ہو گئے ہوں۔ خود ہندوستان ہی کی تاریخ دیکھ لو۔ ہمیشہ ایسا ہی معاملہ نظر آئے گا۔ شہنشاہ اکبر کے عہد کے اختتام اور عہدِ جہانگیری کے اوائل میں کیا ہندوستان علماء و مشائخ حق سے بالکل خالی ہو گیا تھا؟ کیسے کیسے اکابر موجود تھے لیکن مقاصد وقت کی اصلاح و تجدید کا معاملہ کسی سے بھی بن نہ آیا۔ صرف حضرت مجدد الف ثانی شیخ احمد سرہندیؒ کا وجود گرامی ہی تن تنہا اس کاروبار کا کفیل ہوا۔ معلوم ہے کہ اس عہد میں بڑے بڑے علماء و اصحاب خانقاہ موجود تھے۔ "بدایونی" و "طبقات" اور "روضتہ العلمائ" و

"اخبارالاخیار" وغیرہ دیکھو تو معلوم ہوتا ہے کہ ہندوستان میں بجز عالموں اور پیروں کے کوئی نہیں بستا۔ کوئی شہر و قریہ نہ تھا کہ خانقاہوں اور مدرسوں سے خالی ہو۔ یاس ہمہ دوسرے گوشوں اور کاموں میں وقت بسر کر گئے اور اس راہ میں تو ایک قدم بھی نہ اٹھ سکا۔ شیخ عبدالحق محدثؒ کو تو حضرت مجدد کے بارے میں سخت لعزش بھی ہوئی اگرچہ آخر عمر کے اعتراف و رجوع نے تلافی کر دی۔ اصحاب طریقہ میں حضرت خواجہ باقی باللہ جیسے عارف کامل خود دہلی میں یہ عہد اکبری مقیم رہے لیکن وہ خود کہتے تھے کہ میں چراغ نہیں ہوں چقماق ہوں، آگ نکال دوں گا۔ چراغِ شیخ احمد سرہندیؒ ہے۔

کچھ شک نہیں کہ توفیق الٰہی نے حضرت ممدوح کے وجود گرامی ہی کیلئے یہ مرتبہ خاص کر دیا تھا۔ انبیائے اولوالعزم کی نیابت و قائم مقامی یعنی مقام عزیمت دعوت کا خلعت صرف انہی کے جسم پر حسیت آتا۔ باقی جس قدر تھے یا تو مدرسوں میں پڑھاتے رہے یا موٹی موٹی کتابیں اور نئی نئی شرحیں اور حاشیے لکھتے رہے یا پھر ان کی تذلیل و تکفیر کے فتنوں پر دستخط کرتے رہے۔ وقت کا جو اصلی کام تھا اس کو کوئی ہاتھ نہ لگا سکا۔

پھر بارھویں صدی کا ایک عظیم ترین ظہور علوم و معارف دیکھو۔ زمین بنجر ہو چکی تھی۔ پھر بھی کھیتوں کی سبزی اور چمنوں کی لالی سے کوئی گوشہ بالکل خالی نہ تھا۔ تیرھویں صدی کے تمام کاروبار علم و طریقت کے اکابر و اساتذہ اسی صدی میں سربر آوردہ ہوئے۔ بعض بڑے بڑے سلاسل درس و تدریس کی بنیادیں اسی میں استوار ہوئیں جیسے خاندان مشہور فرنگی محل اور ہندوستان سے باہر بلاد عربیہ میں

اکثر مشاہیر علم و ارشاد۔ بایں ہمہ معلوم ہے کہ وہ جو دورِ آخر کے فاتح اور سلطانِ صر ہونے کا مقام تھا اور قطبیت وقت کا وہ صرف حجتہ الاسلام شاہ ولی اللہؒ کے لئے تھا اور لوگ بھی بیکار نہ رہے، کام کرتے رہے، مگر جو کام یہاں انجام پایا وہ صرف یہیں کیلئے تھا۔

اور پھر چند قدم اور آگے بڑھو۔ مقام عزیمت دعوت کی کسی کامل اور آشکارا مثال سامنے آتی ہے۔ ساری مثالوں سے آنکھیں بند کرلو۔ صرف یہی ایک مثال زیر بحث حقیقت کے فہم و کشف کیلئے کافی ہے۔ حضرت شاہ ولی اللہؒ کا مقام ہر رنگ میں کس درجہ جامع و کامل ہے۔ بایں ہمہ یہاں جو کچھ ہوا تحدید و تدوین علوم و معارف اور تعلیم و تربیت اصحاب استعداد تک محدود رہا۔ اس سے آگے نہ بڑھ سکا۔ فعلاً عمل و نفاذ اور ظہور و شیوع کا پورا کام تو کسی دوسرے ہی مرد میدان کا منتظر تھا اور معلوم ہے کہ توفیق الٰہی نے یہ معاملہ صرف علامہ و مجدد شہید کیلئے مخصوص کر دیا تھا۔ خود شاہ صاحب کا بھی اس میں حصہ نہ تھا۔ اگر خود شاہ صاحب بھی اس وقت ہوتے تو انہیں کے جھنڈے کے نیچے نظر آتے۔ حضرت پیر انصاری کا قول یاد رہے "من مرید خرقانی ام لیکن اگر خرقانی درس وقت می بود باوجود پیریش مریدی می کرد"۔

دعوت و اصلاح امت کے جو بھید پرانی دہلی کے کھنڈروں اور کوٹلہ کے حجروں میں دفن کر دیئے گئے تھے، اب اس سلطان وقت و اسکندر عزم کی بدولت شاہجہاں آباد کے بازاروں اور جامع مسجد کی سیڑھیوں پر ان کا ہنگامہ مچ گیا اور ہندوستان کے کناروں سے بھی گزر کر نہیں معلوم کہاں تک چرچے اور افسانے پھیل گئے۔ جن

باتوں کے کہنے کی بڑوں بڑوں کو بند حجروں کے اندر بھی تاب نہ تھی وہ اب بر سر عام کی جارہی اور ہو رہی تھیں اور خود شہادت کے چھینٹے حرف و حکایات کو نقوش سواد بنا کر صفحہ عالم پر ثبت کر رہے تھے۔

پھر کیا اس وقت ہندوستان علم و عمل سے خالی ہو گیا تھا؟ یا حق پر چلنے والے اور حق کا درد رکھنے والے معدوم ہو گئے تھے؟ کون ہے جو ایسا کہہ سکتا ہے؟ خود اسی خاندان عالی میں کیسے کیسے اکابر و اساتذہ علم و فضل موجود تھے۔ حضرت شاہ عبد العزیز کے درس و تدریس کی بادشاہت سمر قند و نجارا اور مصر و شام تک پھیلی ہوئی تھی۔ شاہ عبد القادر اور شاہ رفیع الدین علم و عمل کے آفتاب تھے۔ خاندان سے باہر اگر ان کے تربیت یافتوں کو دیکھا جائے تو کوئی گوشہ ایسا نہ تھا جہاں ان کا فیض ان علم کام نہ کر رہا ہو۔ بایں ہمہ یہ کیا معاملہ ہے کہ وہ جو وقت کا ایک سب سے بڑا کام تھا اس کیلئے کسی کے قدم کو جنبش نہ ہوئی۔ سب دوسرے دوسرے کاموں میں رہ گئے یا حجروں کا کام یا مدرسوں کا، لیکن میدان والا معاملہ کسی سے بھی بن نہ آیا۔ وہ گویا ایک خاص پہناوا تھا جو صرف ایک ہی جسم کیلئے تھا اور ایک ہی پر چست آیا۔ دنیا اس کیلئے خلقتِ عظمت اور تشریف قبول کاندھے پر ڈالے منتظر کھڑی تھی۔ زمانہ اپنے سارے سامانوں کے ساتھ کب سے اس کی راہ تک رہا تھا۔ امیدواروں پر امیدوار یکے بعد دیگرے گزرتے رہے مگر اس کا مستحق کوئی نہ نکلا۔

استادی و شاگردی، نو عمری و کہولت، خانقاہوں کی دھوم دھام اور مدرسوں کا ہنگامہ، یہ ساری باتیں یہاں کیلئے بیکار ہیں۔ ان سارے عہدوں میں دیکھو۔ با اعتبار علم و عمل ایک سے ایک بڑھ چڑھ کر موجود تھا اور بقدر طاعت دعوت و تذکر و ارشاد

خلق میں مساعی، تاہم دعوت دوسری چیز ہے اور عزیمت دعوت کا مقام دوسرا ہے۔ اس کی ہمت کسی میں نہ تھی۔ گڑھیوں کا محاصرہ کرلینا آسان ہے مگر قلعوں اور ملکوں کی تسخیر کی دھن دوسری ہے۔ ایک شخص کتنا ہی بڑا امیر الامراء ہو لیکن پھر امیر ہے۔ پادشاہوں کا عزم و محل شاہی میں پلے ہوؤں کا دماغ کہاں لا سکتا ہے؟

بڑوں بڑوں کا عذر یہ ہوتا ہے کہ وقت ساتھ نہیں دیتا اور سر و سامان و اسباب کار فراہم نہیں لیکن وقت کا عازم و فاتح اٹھتا ہے اور کہتا ہے کہ اگر وقت ساتھ نہیں دیتا تو میں اس کو ساتھ لوں گا۔ اگر سر و سامان نہیں تو اپنے ہاتھوں سے تیار کرلوں گا۔ اگر زمین موافق نہیں تو اسمان کو اترنا چاہئے۔ اگر آدمی نہیں ملتے تو فرشتوں کو ساتھ دینا چاہئے۔ اگر انسانوں کی زبانیں گونگی ہوگئی ہیں تو پتھروں کو چیخنا چاہئے۔ اگر ساتھ چلنے والے نہیں تو کیا مضائقہ درختوں کو دوڑنا چاہئے۔ اگر دشمن بے شمار ہیں تو آسمان کی بجلیوں کی بھی کوئی گنتی نہیں۔ اگر رکاوٹیں اور مشکلیں بہت ہیں تو پہاڑوں اور طوفانوں کو کیا ہوگیا کہ راہ صاف نہیں کرتے؟ وہ زمانہ کا مخلوق نہیں ہوتا کہ زمانہ اس سے اپنی چاکری کرائے۔ وہ وقت کا خالق اور عہد کا پالنے والا ہوتا ہے اور زمانہ کے حکموں پر نہیں چلتا بلکہ زمانہ آتا ہے تاکہ اس کی جنبش لب کا انتظار کرے۔ وہ دنیا پر اس لئے نظر ڈالتا کہ کیا کیا ہے جس سے دامن بھر لوں! وہ یہ دیکھنے کیلئے آتا ہے کہ کیا کیا نہیں ہے جس کو پورا کردوں۔ اس کا مایہ خمیر طلب و سوال نہیں۔ اس کی نظر میں طاقت کی بلندی نہیں ناپتیں، ہمیشہ اپنے ہاتھ کی رسائی اور قد کی بلندی دیکھتی رہتی ہیں۔

ستاروں سے تمام فضاء بھری پڑی ہے لیکن دُم دار ستارے ہمیشہ طلوع نہیں

ہوتے۔ یہی حال صاحب عزائم کا بھی ہے۔ وہ کائنات بستی کا ایک بالکل الگ گوشہ ہے اور وہاں کے احکام و قوانین کو دنیا کے اعمالِ عادیہ پر قیاس کرنا غلطی ہے۔ ان کی قوتیں الٰہی، ان کے وسائل غیر مختتم، ان کی ترقیاں لازوال اور ان کے تمام طریقے غیر مختتم ہوتے ہیں۔ اللہ کی حکمت و ربوبیت ان کو تمام خلق اللہ میں چن لیتی اور حکم واللہ غیص برحمتہ من یشا، اپنی رحمتوں اور ربوبیتوں کے عجائب و خوارق ان کیلئے مخصوص کر دیتی ہے۔ پھر ان کے معاملات میں نہ تو کسی دوسرے کا ساجھا ہوتا ہے اور نہ کسی مدعی کی وہاں تک رسائی۔

مقام "عزیمتِ دعوت" اور احیا تجدید امت کی نسبت جو کچھ بلا قصد زان قلم بر آگیا تو اگرچہ اس کی تفصیل کا یہ موقع نہ تھا لیکن زیادہ تر یہ خیال باعث ہوا کہ شاید ان حالات وو قائع کا مطالعہ اصحاب صلاح واستعداد کیلئے کچھ سودمند علم و عمل ہو اور کسی کے قلب بصیرت و دیدۂ اعتبار کو ان مجددین ملت اور مصلحین حق کی اتباع و تشبیہ کی توفیق ملے۔ شاید کوئی مرد کار اور صاحب عزم وقت کی پکار پر لبیک کہے اور زمانہ کی طلب و جستجو کا سراغ بنے۔ آج اگر کام ہے تو یہی کام ہے اور ڈھونڈنا ہے تو صرف اسی کی۔

***

۹

اورحان پامک کی ایک تاریخی تقریر

ڈاکٹر سرور الہدیٰ

اورحان پامک کو ۱۹۹۶ کا نوبل ادبی اعزاز سے نوازا گیا۔ اس موقعے پر انعام کو قبول کرتے ہوئے انھوں نے جو تقریر کی تھی اس کا ترجمہ دنیا کی مختلف زبانوں میں ہوا۔ انگریزی میں مائی فادرز سوٹ کیس کے عنوان سے یہ تقریر منظر عام پر آئی۔ اردو میں اس کا ترجمہ ابا کا سوٹ کیس کے عنوان سے رسالہ آج نے فروری ۲۰۰۷ میں شائع کیا تھا۔ اس ترجمے کی خاص بات یہ ہے کہ اسے براہ راست ترکی زبان سے نمیرہ احمد نے اردو میں منتقل کیا۔ اس طرح پامک کی تقریر جو ترکی زبان میں تھی وہ براہ راست اردو میں منتقل ہوئی اور یہ سچائی ہے کہ ترکی اور اردو کے بہت سے الفاظ مشترک ہیں لہٰذا پامک کی تقریر کو اردو میں پڑھنا گویا بڑی حد تک ترکی زبان اور تہذیب کی فضا میں سانس لینا ہے۔ کل پرانے شماروں کے درمیان آج کا یہ شمارہ بغیر کسی شعوری کوشش کے سامنے آگیا۔ یہ تقریر میں نے پہلے بھی پڑھی تھی لیکن اسے دوبارہ پڑھتے ہوئے میں جن کیفیات اور احساسات سے گذرا وہ پہلی قرأت سے یقیناً مختلف ضرور ہے۔ یہ کوئی تخلیقی فن پارہ نہیں ہے لیکن پامک نے اسے جس

طرح پیش کیا ہے وہ کئی معنوں میں تخلیقی متن سے زیادہ اہمیت کا حامل نظر آتا ہے۔ مجھے یقین ہے کہ پامک کی یہ تقریر اردو کے بیشتر سنجیدہ قارئین کی نگاہ سے گذری ہوگی۔ پامک نے ایک تاریخی لمحے میں انعام لیتے ہوئے جس موضوع اور جس عنوان کا انتخاب کیا تھا، وہ خود اتنا اہم ہے کہ ہمیں یہ سوچنے پر آمادہ کرتا ہے کہ ادیب کی زندگی میں گھر کی فضا کتنی اہم ہوتی ہے۔ ادیب چاہے جتنا بڑا ہو جائے اس کی ادبی زندگی کا آغاز دراصل گھر سے ہوتا ہے اور گھر چاہے جیسا ہو وہ کسی نہ کسی شکل میں اس کی تعمیر و تشکیل میں ایک اہم کردار ادا کرتا ہے۔ ایک معنی میں عزت تو اپنے گھر اور وطن سے شروع ہوتی ہے، سوٹ کیس سے سفر کا تصور ذہن میں ابھرتا ہے یہ اور بات ہے کہ سوٹ کیس کو ہم مختلف اشیا کے لیے استعمال کرتے ہیں اور اکثر کسی سامان کی طرف اشارہ کرنا ہو تو کہہ دیا جاتا ہے کہ وہ تو فلاں سوٹ کیس میں بند ہے۔ ابا کا سوٹ کیس پامک کے لیے ایک اسرار کی مانند ہے ان کے والد نے انتقال سے پہلے پامک سے کہا تھا کہ اسے میرے انتقال کے بعد کھول کر دیکھنا۔ پامک کو پتہ تھا کہ اس میں کچھ مسودے اور ڈائریاں ہیں جن میں ابا نے مختلف اوقات میں خیالات درج کیے ہیں۔ اورحان پامک نے سوٹ کیس کی تفصیلات بتائی ہیں۔ یہ کس چیز سے بنا ہوا ہے، اس کی شکل کیسی ہے اور ابا اسے کسی چھوٹے سفر پر لے جاتے تھے اور وہ اسے دفتر سے گھر بھی لانے میں استعمال کرتے تھے گویا اس سوٹ کیس کی عام زندگی میں بڑی اہمیت تھی مگر پامک کو یہ معلوم نہیں تھا کہ یہی سوٹ کیس ان کے لیے اتنا اہم ہو جائے گا بلکہ پریشانی کا سبب بھی بن جائے گا۔ پامک کے یہ الفاظ دیکھیے:

"یہ سوٹ کیس میرے لیے ایسی نشانی کی طرح تھا جو ماضی اور بچپن کی بہت سی یادوں کو اپنے اندر سموئے ہوئے ہو مگر اب میں اس کو چھو بھی نہیں سکتا تھا، کیوں؟ بلاشبہ اس میں چھپا کر رکھی ہوئی چیزوں کے اسرار انگیز وزن کی وجہ سے۔۔۔۔۔ ابا کے سوٹ کیس میں رکھی ہوئی چیزوں سے مجھے دور رکھنے والا یہ پہلا خوف تھا کہ میں جو کچھ پڑھوں گا وہ مجھے پسند نہیں آئے گا۔ چونکہ ابا یہ بات جانتے تھے اس لیے انھوں نے احتیاطاً یوں ظاہر کیا تھا جیسے ان تحریروں کی کوئی اہمیت نہ ہو۔ زندگی کے پچیس سال لکھنے میں گذارنے کے بعد یہ دیکھنا میرے لیے غم انگیز تھا لیکن میں ادب کو کافی سنجیدگی سے نہ لینے پر ابا کے لیے غصہ بھی محسوس نہیں کرنا چاہتا تھا۔ میں ابا کا سوٹ کیس کھولنے سے خوف زدہ تھا۔ سب سے بڑھ کر یہ کہ میں اپنے آپ سے اس کا اعتراف بھی نہیں کر سکتا تھا۔ اگر ابا کے سوٹ کیس اصل اور بڑا ادب بر آمد ہوتا تو مجھے ابا کی ذات میں ایک بالکل مختلف شخص کے وجود کو تسلیم کرنا پڑتا۔ یہ ایک خوفناک بات تھی کیوں کہ اتنی عمر کا ہو جانے کے باوجود میں اپنے ابا کو صرف ابا کے طور پر قبول کرنا چاہتا تھا۔ کسی ادیب کے طور پر نہیں۔"

اورحان پامک کے یہ خیالات ایک ادیب کے خیالات ہیں۔ جس کی نگاہ میں بڑے ادب کا ایک تصور ہے اور اسے اس بات کا خوف ہے کہ اس کے ابا نے ادب کے نام پر جو کچھ لکھا ہے وہ اس معیار سے ٹکرا سکتا ہے۔ ادیبوں کی زندگی میں ایسے مرحلے بہت آتے ہیں جب وہ اپنے گھر اور وطن کی محبت میں معیار سے سمجھوتا کر لیتے ہیں۔ ابا کا سوٹ کیس پامک کے لیے دنیوی اعتبار سے اشرفیوں سے بھرا ہوا نہیں تھا۔ وہ جانتے تھے کہ اس کے والد مجلسی آدمی ہیں، ان کے یہاں تنہائی کا وہ

تصور نہیں جو عموماً تخلیق کاروں کے یہاں ہوا کرتا ہے۔ اورحان پامک نے اپنے والد کو ہمیشہ ایک زندہ دل انسان کی شکل میں دیکھا جس کے لیے زندگی تنہائی کا نام نہیں بلکہ دوستوں کے درمیان ہنسنے بولنے اور قہقہے لگانے کا نام ہے۔ جب پامک کو اپنے والد کی زندگی یاد آتی ہے تو اسے لگتا ہے کہ والد نے خود کو ایک ادیب کے طور پر کبھی دیکھنے کی کوشش نہیں کی اور وہ اسی لیے اپنی تحریروں کے تئیں کبھی سنجیدہ نہیں ہوئے، پھر اورحان پامک کو اس کا خیال آتا ہے کہ تنہا ہوئے بغیر بھی اچھا ادب تخلیق کیا جاسکتا ہے۔ پامک نے ابا کا سوٹ کیس سے ہٹ کر کچھ ایسے خیالات بھی پیش کیے ہیں جو فکری اور حسی طور پر بڑی اہمیت کے حامل ہیں۔ جو تحریریں ادیبوں نے اپنے تعلق سے یا اپنے تخلیقی عمل کے تعلق سے زمانے کو دی ہیں ان کا مطالعہ بڑا ہی دلچسپ ہوا کرتا ہے۔ پامک نے ایک ادیب کے ظاہر اور باطن کے تضاد اور اس کی ہم آہنگی اور اس کے نتیجے میں پیدا ہونے والی تخلیق کی جانب جس طرح اشارے کیے ہیں وہ مشکل ہی سے کہیں اور ملیں گے۔ پامک دور جدید کے تخلیق کار ہیں۔ انھیں دنیا کے مختلف مسائل کا علم ہے اور وہ ان وسائل سے بھی واقف ہیں جن سے ادب نہ صرف متاثر ہوتا ہے بلکہ بازار میں اس کی قیمت بھی لگتی ہے۔ وہ لکھتا ہے کہ:

"میرے نزدیک ادیب انسان کے اندر چھپا ہوا دوسرا شخص ہوتا ہے جسے دریافت کرنے کے لیے اور اس کو وجود میں لانے والے عالم کو دریافت کرنے کے لیے اسے برسوں صبر کے ساتھ جد وجہد کرنی پڑتی ہے۔ ادب کی بات کرتے ہوئے جو شئے سب سے پہلے میرے ذہن میں آتی ہے وہ کوئی ناول، شعر یا ادبی روایت نہیں بلکہ وہ شخص ہے جس نے خود کو اکیلے کمرے میں بند کرکے میز پر بیٹھ کر اپنا رخ

اندر کی طرف پھیر لیا ہو اور اس گوشہ نشینی کے سائے میں لفظوں کی ایک نئی دنیا تخلیق کر رہا ہو۔"

اورحان پامک نے بار بار گوشہ نشینی کا ذکر کیا ہے اور دروں بینی کا۔ مجھے محسوس ہوتا ہے کہ پامک کے ذہن میں یہ بات ہو گی کہ ادیب کو اس دنیا میں جو سب سے بڑا خطرہ لاحق ہے وہ یہی ہے کہ اس سے اس کی تنہائی اور دروں بینی چھین لی جائے۔ اس کے بعد وہ ادیب بھی رہے گا، دانشور بھی کہلائے گا مگر ادب اور دانشوری کی روح باقی نہیں رہے گی اور وہ بازار ادب کا حصہ بن جائے گا۔ پامک نے خوش مزاجی کا بھی ذکر کیا ہے اور زندگی کو لطف و مسرت سے بسر کرنے کی بات بھی کہی ہے۔ سوال یہ ہے کہ یہ کیسے فیصلہ ہو کہ ادیب نے اپنی تنہائی اور داخلیت کا کتنا احترام کیا ہے۔ اس کا جواب یہ ہے کہ اس کی زندگی کے طور طریقے اور پھر اس کے لکھے ہوئے ادب سے اس کا فیصلہ ممکن ہے۔ پامک کی پوری تحریر یہ بتاتی ہے کہ لکھنا دراصل خود کو ایک کمرے میں بند کر لینا ہے۔ لیکن وہ یہ بھی بتاتے ہیں کہ جب آپ کمرے میں بند ہو کر کتابوں کو پڑھتے ہیں تو لفظوں کو ذریعے آپ اجتماعی تجربے سے گذر رہے ہوتے ہیں۔ اس طرح یہ تنہائی لفظوں کے ساتھ بڑی آفاقی ہو جاتی ہے۔ پامک نے ابا کی لائبریری کا ذکر کیا ہے جس میں ایک ڈیڑھ ہزار کتابیں تھیں۔ پامک نے ان تمام کتابوں کے پڑھنے کا دعوی تو نہیں کیا ہے مگر اس بات کا اشارہ ضرور ملتا ہے کہ ان کی نگاہ سے لائبریری کی بیشتر کتابیں گذر چکی تھیں۔ پامک لکھتے ہیں:

ابا کے سوٹ کیس پر بے چینی سے نظر ڈالتے ہوئے مجھے یہ بھی محسوس ہوا کہ یہی ایک کام ہے جو میں نہیں کر پاؤں گا۔ ابا کبھی کبھی اپنے کتب خانے کے سامنے

کے دیوان پر لیٹ جاتے اپنے ہاتھ میں تھامی ہوئی کتاب یا رسالے کو رکھ کر کسی خواب میں چلے جاتے یا خود کو طویل عرصے کے لیے اپنے خیالوں میں گم کر دیتے۔۔۔۔۔ میرے نزدیک اصل ادب کا نقطۂ آغاز یہی ہے کہ کوئی شخص خود کو کتابوں کے ساتھ اپنے کمرے میں بند کر لے۔۔۔ میرے نزدیک ادب وہ سب سے زیادہ قابل قدر ذخیرہ ہے جو انسانیت نے خود کو سمجھنے کی کوشش کے دوران جمع کیا ہے۔ قومیں، قبیلے اور معاشرے جوں جوں اپنے لکھنے والوں کے لفظوں پر توجہ دیتے ہیں اتنے ہی زیادہ ذکی، پر مایہ اور ترقی یافتہ ہوتے جاتے ہیں اور جیسا کہ ہم سب جانتے ہیں کتابوں کو جلانا اور ادیبوں کو رسوا کرنا کسی قوم کو اس بات کی خبر دیتا ہے کہ ایک تاریک اور بے عقل دور اس پر مسلط ہونے کو ہے۔

اردو کے جن بڑے اور اہم ادیبوں کو بڑے اعزازات سے نوازا گیا انھوں نے انعام قبول کرتے وقت کوئی ایسی تقریر نہیں کی جس سے اس بات کا پتہ چلتا ہو کہ وہ ادیب اپنی زبان، تہذیب اور ادب کے تئیں کس قدر حساس ہے۔ پامک کی تقریر پامک کی تقریر ہے لیکن جس شدت کے ساتھ وہ تخلیق اور تخلیقی عمل اور تخلیقی ترجیحات کو دیکھتے ہیں کاش اس کا کچھ حصہ ہمارے ادیبوں کے یہاں بھی منتقل ہو جائے۔ اسی لیے یہ بات بار بار پریشان کرتی ہے کہ کیا ہمارا تخلیقی ذہن چھوٹا ہو گیا ہے؟ کیا ہم زندگی، ادب اور کائنات کو ایک بڑے کینوس میں دیکھنے کے اہل نہیں ہیں۔ کیا یہ سچ نہیں کہ ہم نے جمہوریت کے نام پر کم تر کتابوں اور کم تر ادیبوں کو سب سے افضل اور برتر ثابت کرنے میں خود کو مضحکہ خیز بنالیا ہے۔ پامک نے یہ بھی لکھا ہے کہ مجھے معلوم ہے کہ ابا کی لائبریری میں کون سی کتاب آسانی سے پڑھی

جانے والی ہے اور کون سی کلاسک کا درجہ رکھتی ہے۔ ابا کی لائبریری پامک کے لیے ا س طرح اہم ثابت ہوئی کہ انھیں ابتدا ہی میں یہ خیال آیا تھا کہ میں بھی اپنی ایک الگ دنیا بناؤں گا۔ پامک نے یہ بھی لکھا ہے کہ ابا نے غیر ملکی سفر کے دوران پیرس اور امریکہ سے کتابیں لائی تھیں اور وہ کتابیں بھی ہیں جو انھوں نے استنبول میں خریدی تھیں۔ پامک کی اس تقریر میں بار بار پامک کے خیالات، ابا کی لائبریری سے ٹکراتے ہیں۔ ہمارے ادیبوں کو نہ تو لائبریری سے دلچسپی ہے اور نہ پرانی کتاب سے۔ سب کچھ انھیں غیب سے ملتا ہے اور غالب کا یہ شعر انھیں تقویت پہنچاتا ہے۔

آتے ہیں غیب سے یہ مضامین خیال میں
غالبؔ صریر خامہ نوائے سروش ہے

پامک نے یہ بھی کہا تھا:

۱۹۷۰ کے عشرے میں جب میں ابا کے دیے ہوئے پیسوں سے استنبول کے پرانی کتابیں بیچنے والوں سے مٹتے ہوئے حروف والی گرد آلود، کونے مڑی کتابیں خریدتا تو ان پرانی کتابوں کی قابل رحم حالت سے اور سڑک کے کنارے مسجدوں کے احاطوں میں اور شکستہ ہوتی دیواروں کے سائے میں کتابیں بیچنے والے مفلس شکن آلود کتب فروشوں کی افسوس ناک پریشاں حالی سے بھی اتنا ہی متاثر ہوتا جتنا ان کتابوں سے۔ یہ زندگی اس شخص کی ہے جو دنیا کا اس وقت اہم ترین ادیب ہے لیکن ہم نے اس کے فکشن کو پڑھنے کے ساتھ ساتھ ان مضافات کو دیکھنے کی کوشش نہیں کی جن سے پامک کی تخلیقی تعمیر و تشکیل ہوئی ہے۔ اب صورت حال یہ ہے کہ کتابوں کی دکان پر جانا کسر شان سمجھا جاتا ہے اور پرانی کتابوں کو الٹنا پلٹنا گویا ما۔ضی

میں سفر کرنا ہے۔ اور حان پامک کی اس تقریر میں یہ احساس بار بار سر اٹھاتا ہے کہ میں مرکز میں نہیں ہوں۔ اور زندگی کا جوش و جذبہ استنبول اور ترکی میں اس طرح نہیں ہے۔ ایک عالمی ادب کا تصور بھی انھیں بار بار استنبول اور ترکی کے بارے میں نئے سرے سے غور کرنے پر آمادہ کرتا ہے۔ یہ جملہ کس قدر با معنی ہے کہ:

دراصل میں جس ادب کے بارے میں سوچتا تھا وہ عالمی نہیں بلکہ مغربی تھا۔ اور ہم ترکی کے رہنے والے اس سے باہر تھے۔ ابا کا کتب خانہ بھی اس بات کی شہادت دیتا تھا۔

پامک کی اس تقریر کے کئی حصے ہیں اور ان تمام حصوں میں ایک داخلی ربط ہے۔ ادب کے اور ادیب کے کچھ ایسے مسائل اس تقریر کے ذریعہ سامنے آتے ہیں جو ہمارا ابھی مقدر رہے ہے۔ پامک نے ان مسائل کو حل کرنے کی بظاہر تو ترغیب نہیں دی ہے لیکن تیسری دنیا کے لکھنے والوں کے سامنے کچھ چیلنجز ضرور پیش کیے ہیں۔ مشکل یہ ہے کہ ہم اتنا سمٹ کر اور محدود طریقے پر سوچتے ہیں کہ نہ تو ہماری تخلیق کا فکری دائرہ بڑھتا ہے اور نہ ہم فکری سطح پر خود کو تازہ دم رکھ پاتے ہیں۔

***

۱۰

حضرت خواجہ الطاف حسین حالیؔ : شخصیت اور کارنامے

ڈاکٹر امیر علی

سلطان غیاث الدین بلبن کے عہد حکومت میں ملک ہرات سے ایک عالم حضرت خواجہ ملک علی ہندوستان آئے۔ بادشاہ خود ذی علم اور عالموں کا بڑا قدردان تھا۔ اس نے خواجہ ملک علی کے علم و فضل اور اعلیٰ اخلاق سے متاثر ہو کر انہیں پانی پت میں جاگیر عطا کی۔ یہاں انہوں نے مستقل سکونت اختیار کر لی۔ یہاں ان کی اولاد خوب پھلی پھولی۔ ان کی پندرھویں نسل میں حضرت خواجہ ریزد بخش نام کے ایک بزرگ گزرے ہیں۔ انہیں ۱۸۳۷ء (۱۲۵۳ھ) میں ایک لڑکا پیدا ہوا جس کا نام خواجہ الطاف حسین رکھا گیا۔ یہی الطاف حسین حالی کے نام (تخلص) سے سارے ہندوستان میں شہرت پائی اور علم و ادب کے میدان میں بڑے بڑے کام انجام دیئے اور پانی پت کا نام سارے ملکوں میں روشن کر دیا۔

حالیؔ کی ابتدائی تعلیم پانچ سال کی عمر سے شروع ہوئی۔ انہوں نے عربی،

فارسی، اردو اور مذہبی کتابیں پڑھیں۔ اس وقت کے دستور کے مطابق انہوں نے قرآن مجید حفظ کیا۔ حالیؔ ابھی نو (۹) سال کے تھے کہ ان کے والد حضرت خواجہ ایزد بخش کا انتقال ہو گیا۔ بڑے بھائی خواجہ امداد حسین نے ان کی پرورش کی۔ گھر کی مالی حالت نے حالیؔ کو باقاعدہ مدرسہ کی تعلیم سے محروم رکھا۔ مگر حالیؔ تحصیل علم کیلئے ہمیشہ کوشاں رہے۔ علم کا شوق اور ذہانت اتنی تھی کہ اس کی کسر پوری ہو جاتی تھی۔ حالیؔ کی شادی کم عمر ہی میں کر دی گئی۔ حالانکہ وہ ابھی شادی نہیں کرنا چاہتے تھے۔ ابھی تو وہ بہت کچھ پڑھنا لکھنا اور علم حاصل کرنا چاہتے تھے۔ شادی تو ہو گئی مگر حالیؔ دہلی جاکر مزید علم حاصل کرنا چاہتے تھے۔ ایک دن چپکے سے رات کے وقت گھر سے نکلے اور دہلی کی طرف روانہ ہو گئے۔ پانی پت سے دہلی (۵۵) میل کا فاصلہ انہوں نے پیدل طئے کیا۔ ۱۸۵۴ء میں دلی پہنچے تو اتنے بڑے شہر میں نہ کسی سے کوئی جان پہچان تھی اور نہ ہی پاس میں پیسہ تھا۔ یہاں آکر انہیں پتہ چلا کہ جامع مسجد کے قریب ایک مسجد میں "حسین بخش کا مدرسہ" ہے جہاں پر غریب لڑکوں کو مفت تعلیم و تربیت دی جاتی تھی۔ حالیؔ اس مدرسے میں داخل ہوئے اور وہاں انہوں نے مولوی نوازش علی کی نگرانی میں علم حاصل کرنا شروع کر دیا۔ یہیں مسجد کے فرش پر سو رہے تھے اور جو مل جاتا کھالیتے۔ حالیؔ مولوی نوازش علی کے علاوہ، مولوی فیض حسن، مولوی امیر احمد اور مولوی سیہد نذیر حسین سے بھی علم حاصل کئے اور ان کی تربیت سے فیض یاب ہوئے۔ دہلی میں اُس وقت بڑے بڑے شعراء، ادیب، عالم اور اہلِ کمال موجود تھے اور ان کے فرو فن کا طوطی بول رہا تھا اور آئے دن ہر طرف ادبی مشاعرے ہوا کرتے تھے۔ حالیؔ کو بھی مشاعروں کا چسکا لگ چکا تھا اور وہ

ان مشاعروں میں شریک ہونے لگے اور اسی دوران حالیؔ کو شعر کہنے کا شوق پیدا ہو گیا اور اسی طرح حالی کی دلی کی آب و ہوا راس آگئی اور رفتہ رفتہ وہ ایک کامیاب شاعر و ادیب بن گئے۔

دہلی میں حالیؔ کی ملاقات کئی نامور شاعروں سے ہوئی جن میں مرزا اسد اللہ خان غالبؔ بھی تھے جن کا اس دور میں بڑا شہرہ تھا۔ دلی کے قیام کے زمانے میں حالیؔ نے شاعری میں "خستہ" تخلص اختیار کیا تھا مگر مرزا غالبؔ کے مشورے سے انہوں نے اپنا تخلص بدل کر "حالیؔ" رکھ لیا اور اسی سے وہ ادبی دنیا میں مشہور ہوئے۔ اسی زمانے میں حالیؔ نے اپنی چند غزلیں مرزا غالبؔ کو پیش کیں۔ مرزا غالب بہت کم کسی کو شعر کہنے کا مشورہ دیتے تھے۔ مگر حالیؔ کا کلام مرزا غالب کو بہت پسند آیا اور انہوں نے خوب داد دی اور کہا کہ : "میں کسی کو فکرِ شعر کی صلاح نہیں یتا مگر تمہاری نسبت میرا خیال ہے کہ اگر تم شعر نہ کہوگے تو اپنی طبیعت پر ظلم کروگے۔

دلی میں حالی کی ملاقات سر سید احمد خان سے ہوئی۔ حالیؔ پہلے سر سید کو زیادہ نہ مانتے تھے کچھ تھوڑے بہت بدگمان بھی تھے مگر جب ان کی ملاقات سر سید سے ہوئی تو پہلی ہی بار میں وہ سر سید سے بہت متاثر ہوئے اور اُن کے خلوص اور کام کی اہمیت کو سمجھ گئے اور دل و جان سے اُن کے ساتھی بن گئے اور یہ رشتہ ہمیشہ قائم رہا۔ سر سید بھی حالیؔ میں چھپے ہوئے علمی جوہر کو پہچان لیا تھا۔ سر سید نے حالیؔ سے خواہش کی کہ ترقی یافتہ ملکوں میں لوگ شاعری سے بڑے بڑے کام لیتے ہیں اور کیوں نہ آپ بھی اپنی شاعری اور علمی صلاحیتوں سے قوم و ملت کو جگانے اور ان ہیں سدھارنے کا کام لیجیے۔ سر سید نے جو کہا تھا حالیؔ نے "حیاتِ جاوید" میں اسے یوں

درج کیا ہے۔

"قوم کے ایک سچے خیر خواہ (سر سید) نے غیرت دلائی کہ خدا کی دی ہوئی زبان سے کچھ کام نہ لینا بڑے شرم کی بات ہے۔ عزیز ذلیل ہو گئے۔ شریف خاک میں مل گئے۔ علم کا خاتمہ ہو گیا۔ دین کا صرف نام باقی ہے۔ افلاس کی گھر گھر پکار ہے۔ ایسے میں جس سے جو کچھ بن آئے سو بہتر ہے۔ نظم کہ سب کو مرغوب ہے، قوم کو بیدار کرنے کے لئے کسی نے نہیں لکھی"۔

سر سید کی باتوں کا حالیؔ پر بہت گہرا اثر ہوا اور اسی کا نتیجہ "مسدس حالیؔ" ہے جو "مسدس مد و جزر اسلام" کے نام سے ۱۸۷۹ء میں شائع ہوئی۔ اس مسدس نے مسلمانوں کو غیرت دلائی اور سوتے سے جگا کر اُن میں نئی تعلیم اور نئی زندگی کی طرف متوجہ کر دیا۔ اس طرح سر سید کی بدولت "قوم کو شاعر مل گیا" اور "شاعر کو قوم مل گئی"۔ مسدس حالی میں پہلی بار شائع ہوئی تو ہر طرف ہلچل مچ گئی۔ لوگ پڑھتے تھے اور روتے تھے۔ لوگوں نے مسدس کی بہت تعریف کی مگر سب سے زیادہ قدر سر سید نے کی۔ انہوں نے حالی کو لکھا کہ

"اگر خدا مجھ سے پوچھے گا کہ تو کیا لایا تو میں کہوں گا کہ حالی سے مسدس لکھوا لایا اور کچھ نہیں"۔

ملک کے بدلتے ہوئے حالات اور مسلمانوں کی زبوں حالی پر حالیؔ گہری نظر تھی۔ حالیؔ قوم کے سچے ہمدرد اور صلح کل انسان تھے۔ وہ اپنی شاعری سے قوم کو خواب غفلت سے جگانا چاہتے تھے۔ اسی لئے انہوں نے قدیم رنگ شاعری کو یکسر ترک کر دیا اور اُس کی جگہ جدید خیالات اور طرز فکر کو اپنی شاعری میں جگہ دی اور

ان ہوں نے اپنی غزلوں اور نظموں میں نیا اسلوب اپنایا تھا اور جن موضوعات پر وہ زور دیتے رہے وہ وقت کا اہم تقاضہ تھے، خواہ ان ہیں دل و دماغ، معاشرہ اور سماج قبول کرے یا نہ کرے۔ حالیؔ کی ایک مشہور غزل کچھ اس طرح ہے۔ ملاحظہ ہو:

اس کے جاتے ہی کیا ہو گئی گھر کی صورت
نہ وہ دیوار کی صورت ہے نہ در کی صورت
کس سے پیمانِ وفا باندھ رہی ہے بلبل
کل نہ پہچان سکے گی گل تر کی صورت
ہے غمِ روزِ جدائی نہ نشاطِ شبِ وصل
ہو گئی اور ہی کچھ شام و سحر کی صورت
اپنے جیسوں سے رہیں سارے نمازی ہوشیار
اک بزرگ آتے ہیں مسجد میں خضر کی صورت
واعظو آتشِ دوزخ سے جہاں کو تم نے
یہ ڈرایا ہے خود بن گئے ڈر کی صورت
کیا خبر زاہدِ قانع کو کہ کیا چیز ہے حرص
اس نے دیکھی ہی نہیں کسیۂ زر کی صورت
شوق میں اس کے مزہ، درد میں اس کے لذت
ناصحو، اس سے نہیں کوئی مضر کی صورت
رہنماؤں کے ہوئے جاتے ہیں اوسان خطا

راہ میں کچھ نظر آتی ہے خطر کی صورت
یوں تو آیا ہے تباہی میں یہ بیڑا سو بار
پر ڈراتی ہے بہت آج بھنور کی صورت
ان کو حالیؔ سبھی بلاتے ہیں گھر اپنے مہماں
دیکھنا آپ کی اور آپ کے گھر کی صورت

۱۹۰۴ء میں حالیؔ کو ان دیرینہ علمی اور ادبی خدمات کے صلہ میں حکومت کی جانب سے "شمس العلما" کا باوقار خطاب عطا کیا گیا اور ان کی خدمات کو سراہا گیا۔ حالیؔ نے طویل عمر پائی اور آخری سانس تک اردو زبان و ادب کی خدمت میں لگے رہے۔ مگر حالیؔ کی صحت رفتہ رفتہ ساتھ چھوڑنے لگی اور آخر کار ۳۱ ڈسمبر ۱۹۱۴ء کو انہوں نے آخری سانس لی اور اپنی جان، جانِ آفرین کے سپرد کر دی اور اپنے مالکِ حقیقی سے جا ملے اور اپنے آبائی وطن پانی پت میں ہی مشہور صوفی درویش حضرت بو علی شاہ قلندرؒ کی درگاہ کے احاطہ میں آپ کی جسدِ خاکی کو سپرد لحد کر دیا گیا۔

مت سہل اُنہیں جانو پھرتا ہے فلک برسوں
تب خاک کے پردے سے انسان نکلتے ہیں

***

۱۱

راجندر سنگھ بیدی اپنی کہانیوں کی روشنی میں

سید محمد افتخار مشرف

اردو کے ہم عصر افسانوی ادب میں پانچ بڑے نام ہیں۔ کرشن چندر، سعادت حسن منٹو، راجندر سنگھ بیدی، عصمت چغتائی اور قرۃ العین حیدر، ان قلمکاروں میں سب کی اپنی اپنی انفرادیت ہے۔ بیدی نے افسانے، طنزیہ مضامین، خاکے انشائیے اور دوسری چیزیں بھی لکھی ہیں لیکن ان سب میں جو چیز مشترک ہے وہ ہے بیدی کا سماجی تصور اور ان کا فنکارانہ اسلوب ہے۔ ان کے فن میں موضوع مواد اور طرز پیشکش کی سطح پر بڑی رنگارنگی دکھائی دیتی ہے جس میں حقیقت نگاری، انقلابی رومانیت، نفسیاتی کشمکش اور نئے فنی ادراک کا رنگ گہرا ہے لیکن ان سب میں جو چیز روح کی طرح جاری و ساری ہے وہ سماجی شعور ہے۔ مثال کے طور پر بیدی نے بڑی فنکاری کے ساتھ اپنے افسانے "حیاتین ب" میں یہ نکتہ واضح کیا ہے کہ سرمایہ دار، مزدور عورتوں کو ان کی مجبوری کا فائدہ اٹھا کر کس طرح اپنے دام قفس میں پھانستے ہیں۔ "آلو" میں اس رد عمل کو پیش کیا گیا ہے جو آدمی کی بنیادی ضرورتوں کے پورا نہ ہونے کے سبب ایک باشعور انسان کے ذہن اور ضمیر میں پیدا ہوتا ہے۔ راجندر

سنگھ بیدی کی کئی کہانیاں ایسی ہیں جس میں اقتصادی بدحالی کے مضر اثرات کو ابھارا گیا ہے اور محنت کش عوام کے استحصال کے بھرپور تاثر کو پیش کیا گیا ہے۔ اس سلسلے میں "معاون اور میں "کا نام لیا جاسکتا ہے۔ اس کہانی میں ایک خوددار نوجوان انتہائی تنگدستی کے باوجود اپنی شخصیت کو پارہ پارہ نہیں ہونے دیتا اور بے عزتی کی زندگی پر فاقہ کشی کو ترجیح دیتا ہے۔

بیدی انسانی نفسیات پر گہری نظر رکھتے ہیں اور یہی وجہ ہے کہ ان کے کردار محض کٹھ پتلی بننے کی بجائے انسانی زندگی کی پیچیدگیوں کی جیتی جاگتی تصویریں پیش کرتے ہیں۔ باطنی کیفیتوں کو وہ اتنی چابکدستی سے پیش کرتے ہیں کہ انسانی کردار کی تہیں اپنے آپ کھلتی چلی جاتی ہیں۔ "زین العابدین" بیدی کی کہانیوں میں ایک ممتاز حیثیت رکھتا ہے۔ وہ بیکار، اوباش اور چور ہے لیکن اپنے گردوپیش کے کتنے ہی مہذب اور شریف لوگوں سے بہتر ہے۔ وہ چوری کرتا ہے اور اس جرم کا اعتراف بھی کرلیتا ہے، وہ خوب مار کھاتا ہے، قرض لیتا ہے، چوری کرتا ہے، مگر ایک عجیب قسم کی ایمانداری کے ساتھ۔ اس نے کسی کا دل نہیں دکھایا اور اتنا خراب و برباد ہونے کے باوجود اس میں انسانیت کی چنگاری روشن ہے۔ بیدی نے اپنی افسانہ نگاری کا اس وقت آغاز کیا جب اردو میں اچھی کہانیاں برائے نام تھیں اور فضاء ایک نئے فنکار کیلئے سازگار تھی کیونکہ مقابلہ نہ ہونے کے برابر تھا۔ ان دنوں پریم چند اور ترقی پسند تحریک کے زیر اثر سماجی موضوعات بہت مقبول تھے اور اس عہد کی کہانیوں میں رومانیت، جذباتیت اور خطابت غالب تھی۔ بیدی کی کہانیاں رومانی نہ ہوکر حقیقت پسندانہ جذباتی ہونے کی بجائے گہری سوچ کی آئینہ دار اور خطیبانہ نہ

ہو کر ایک لطیف طنز کی حامل تھیں۔ انہوں نے اپنے فن کی بنیاد تخیل اور مشاہدے کے سنگم پر رکھی۔

بیدی ایک باشعور فنکار ہیں، اس لئے بچوں کے جذبات اور بوڑھوں کی نفسیات پر ان کی یکساں نظر ہے۔ دانہ و دوام میں پہلا افسانہ بھولا ایک ایسے معصوم بچے کی کہانی ہے جسے کہانیاں سننے کا شوق ہے۔ ایک بار اپنے نانا سے دن میں ہانی سنتا ہے، اگرچہ یہ جانتا ہے کہ دن میں کہانی سنانے سے مسافر راستہ بھول جاتے ہیں اور پھر واقعی بھولا کے ماموں راستہ بھول جاتے ہیں اور آخر کار بھولا سب لوگوں کے سو جانے کے بعد انہیں تلاش کرنے کے لئے نکل پڑتا ہے۔ یہ ایک بچے کے بھولے پن کی کہانی ہی نہیں بلکہ اس بنیادی ضرورت کی کہانی بن گئی ہے کہ بھٹکے ہوئے لوگوں کو راہ دکھائی جائے "دانہ و دام" کی اکثر کہانیوں میں بچہ کسی نہ کسی صورت میں موجود ہے۔ اردو افسانے کے اولین علمبرداروں میں فیض الحسن بی اے، علی محمود شرر یلارم، راشد الخیری اور پریم چند کے نام لئے جا سکتے ہیں لیکن اردو افسانے کو فکر و فن اور اسلوب و مواد کے اعتبار سے پریم چند نے بلند معیار عطا کیا۔ پریم چند سے راجندر سنگھ بیدی تک اردو افسانے کا رنگ و آہنگ بدلتا رہا۔ جہاں تک بیدی کا تعلق ہے وہ کسی ایک رجحان کے دائرے میں قید نہیں رہ سکے۔ ان کے فن کا ارتقاء مختلف سمتوں میں ہوا ہے۔ انہوں نے ادب اور زندگی کے تعلق کو میکانکی طور پر نہیں بلکہ متحرک، لچکدار اور سیال صورت میں قبول کیا ہے۔ یہی وجہ ہے کہ ان کے یہاں بہت سے رجحانات ایک دوسرے میں ڈوبتے اور ابھرتے ہوئے نظر آتے ہیں۔

ملک کی تقسیم اور فسادات نے اردو کے تقریباً سبھی فنکاروں کو بری طرح جھنجھوڑا اور بیدی نے بھی اس موضوع پر بعض لازوال افسانے تخلیق کئے۔ بیدی کی کہانی "لاجونتی" کا مرکزی کردار بابو سندر لال ہے جس کی بیوی لاجونتی ملک کی تقسیم کے ہنگامے میں پاکستان ہی میں رہ گئی ہے۔ اس کہانی کا موضوع فسادات اور ان کی تباہ کاریاں ہیں۔ جہاں تک بیدی کا اسلوب تکنیک اور زبان کا تعلق ہے، وہ کسی فیشن اور فارمولے کے پابند نہیں بلکہ اپنے ذاتی تجربوں اور مشاہدوں کو سماجی پس منظر میں پیش کرتے ہیں۔ اس لئے ان کی کہانیوں کی روایتی تکنیک اور اس کے عناصر ترکیبی کی روایتی ترتیب نہیں ملتی۔ ان کے افسانوں کی تکنیک ان کے مواد، موضوع اور تخلیقی تجربوں سے ابھرتی ہے۔

بیدی کی زبان خالص بول چال کی زبان ہے، اس پر ادبیت کا رنگ غالب ہے۔ بول چال کی زبان میں ترسیلی عناصر کی فراوانی ہوتی ہے۔ بیدی کے ذخیرہ الفاظ میں ہندی اور پنجابی کے لفظ بھی شامل ہیں جو ان لوگوں کیلئے نامانوس اجنبی اور ناقابل قبول ہیں جو افسانوں میں ادبی زبان پڑھنے کے عادی ہیں۔ بیدی نے ہندی، پنجابی اور دوسری مقامی بولیوں کے ذخیرہ الفاظ سے استفادہ کر کے اردو کے دامن کو نئے جواہر سے مالا مال کیا ہے۔ بیدی کو اردو کے افسانوی ادب میں بہت ممتاز مقام حاصل ہے اور ایک بڑے افسانہ نگار کی حیثیت سے انہیں ہمیشہ یاد رکھا جائے گا۔

***

۱۲

میر : حیات اور شاعری

ڈاکٹر سرور الہدیٰ

خواجہ احمد فاروقی کی تحقیقی اور تنقیدی کاوشوں میں ایک اہم کاوش میر حیات اور شاعری ہے۔ یہ کتاب پہلی مرتبہ ۱۹۵۴ میں شائع ہوئی تھی۔ اس کتاب پر میرا ایک تفصیلی مضمون اردو ادب میں شائع ہو چکا ہے۔ اول تو میر حیات اور شاعری کا پہلا ایڈیشن مشکل سے ملتا ہے، انجمن ترقی اردو ہند کی لائبریری میں اس کی ایک کاپی محفوظ ہے۔ پوری اردو دنیا کے لیے یہ خبر مسرت کا باعث ہے کہ انجمن ترقی اردو ہند نے خواجہ احمد فاروقی کی کتاب میر حیات اور شاعری کو شائع کر دیا ہے۔ ایک طویل عرصے سے کتاب کی نئی اشاعت کا لوگوں کو انتظار تھا۔ حرف آغاز میں انجمن ترقی اردو ہند کے جنرل سکریٹری ڈاکٹر اطہر فاروقی لکھتے ہیں:

"خدائے سخن میر تقی میر پر خواجہ صاحب کے اس عظیم الشان کام کی زبردست پذیرائی ہوئی اس کے بعد اس کی اشاعت باوجوہ مسدود ہو گئی۔ چوں کہ یہ کتاب نایاب ہو چکی تھی اور علمی حلقوں میں اس کی ضرورت شدت سے محسوس کی جا رہی تھی اس لیے اب تقریباً ساٹھ سال کے بعد انجمن اپنے زیر اہتمام اسے شائع

کررہی ہے۔"

اقتباس کا یہ جملہ توجہ طلب ہے کہ اس کی اشاعت باوجوہ مسدود رہی۔ اس کی تفصیل میں جانے کا مطلب کتاب کے تحقیقی اور تنقیدی معاملات سے روبرو ہونا ہے اور ساتھ ہی قاضی عبدالودود کے تفصیلی اور مدلل تبصرے سے رجوع کرنا بھی ہے۔ میں نے اپنے مضمون میں قاضی عبدالودود کے کچھ اعتراضات سے بحث کی ہے، اس میں شک نہیں کہ قاضی صاحب کے اعتراضات کی ٹھوس بنیادیں ہیں اور ان بنیادوں کو معتبر دلائل کے بغیر رد نہیں کیا جاسکتا۔ اس سلسلے میں بعض کوششیں بھی ہوئیں لیکن قاضی عبدالودود کے تبصرے کا سایہ اس کتاب کے ساتھ ہمیشہ لگا رہا۔ اب جب کہ اس کی نئی اشاعت عمل میں آگئی ہے ہم پر لازم ہے کہ کتاب کا بالاستعیاب مطالعہ کیا جائے اور قاضی عبدالودود کے اعتراضات کی بنیادوں کی بھی چھان پھٹک کی جائے۔

قاضی عبدالودود کے تفصیلی تبصرے کو بھی نئے سرے سے شائع کرنے کی ضرورت ہے تاکہ بہتر طور پر ان کے اعتراضات کی قرات ہوسکے۔ جس خط میں ان کا تبصرہ شائع ہوا ہے اسے پڑھنا بھی ایک مشکل مرحلہ ہے۔ خوشی کی بات یہ ہے کہ خدابخش نے میر پر قاضی صاحب کے تمام مضامین کو 'میر' کے نام سے شائع کردیا ہے۔ علمی اور تحقیقی معاملات میں اختلاف کا مطلب دراصل خود کو تازہ دم رکھنا ہے۔ اب اس قسم کے تبصرے بھی کہاں شائع ہوتے ہیں جن سے یہ پتہ چلے کہ قاری نے کتاب کو توجہ سے پڑھا ہے۔ پچھلے دنوں مجھے خواجہ احمد فاروقی کے کچھ خطوط ملے جو قاضی عبدالودود کے نام ہیں۔ اس عنایت کے لیے میں مختارالدین احمد

آرزو کے فرزند طارق مختار کا ممنون ہوں کہ انھوں نے میرے ریسرچ اسکالر محضر رضا کی معرفت اس کے عکس عنایت کیے۔ ان خطوط میں خواجہ صاحب نے میر سے متعلق قاضی صاحب سے استفسارات کیے ہیں۔ انھیں پڑھ کر کوئی بھی سنجیدہ قاری یہ اندازہ کر سکتا ہے کہ خواجہ صاحب میر سے متعلق حقائق کو یکجا کرنے اور ان کی تعبیر و تشریح میں کس قدر حساس تھے۔

یہ بات حیرت میں ڈالتی ہے کہ مصنف جس شخص سے حقائق دریافت کر رہا ہے وہی شخص اس کی کاوش کے بڑے حصے کو بعض کوتاہیوں کے سبب رد کر دیتا ہے۔ یہ پورا عمل ایک علمی سرگرمی کا حصہ ہے، کسی اور موقع پر میں ان خطوط کی روشنی میں چند حقائق پیش کرنے کی کوشش کروں گا۔ میر حیات اور شاعری کے عنوانات پر نظر ڈالی جائے تو اندازہ ہو گا کہ خواجہ صاحب نے میر سے متعلق کتنا بڑا منصوبہ بنایا تھا۔ اس وقت تک میر پر ایسی کوئی جامع کتاب شائع نہیں ہوئی تھی۔ قاضی عبدالودود کے تبصرے کا بڑا حصہ ان کوتاہیوں کی نشاندہی پر ہے جن کا تعلق شخص، تاریخ، مقام اور تصنیف سے ہے۔ انھوں نے کہیں کہیں قیاس کی بنیاد پر بھی خواجہ صاحب کی گرفت کی ہے۔ خواجہ احمد فاروقی کی نگاہ میں جو مواد تھا اس کی پیش کش میں اگر عجلت پسندی نظر آتی ہے تو اسے مصنف کی داخلی سرشاری کا نام دینا چاہیے۔ حقائق کو یکجا کرنے اور انھیں پیش کرنے کی سرشاری نے غالباً اس بات کا موقع کم دیا کہ وہ انھیں ایک مرتبہ شک کی نگاہ سے بھی دیکھیں اور اگر کوئی بات غیر فطری معلوم ہو تو اس کی جانب بھی اشارہ کر دیں۔ گو کہ یہ کام خواجہ صاحب نے اس کتاب میں کئی مقامات پر کیا ہے لیکن مجموعی طور پر ایک سرشاری ہے جو

پہلے مرحلے میں ہر محقق کا مقدر ہوتی ہے۔ بعد کے دنوں میں میر تنقید کے جو نمونے سامنے آئے ان کی اولین صورت میر حیات اور شاعری میں دیکھی جاسکتی ہے۔ کئی نقاد نے میر حیات اور شاعری کو میر کی شاعری کا مطالعہ کہنے کے بجائے حیات میر اور عہد میر کا مطالعہ بتایا ہے۔ اس میں شک نہیں کہ خواجہ احمد فاروقی نے میر کی شاعری کو میر کی زندگی اور عہد کی روشنی میں دیکھا لیکن اس سے یہ کہاں ثابت ہوتا ہے کہ یہ مطالعہ ادبی مطالعہ نہیں ہے۔ چند مثالوں کی روشنی میں پوری کتاب کو رد کر دینا ایک دوسری انتہا ہے اور اس انتہا کا ثبوت بعد کے بیشتر میر کے نقادوں نے پیش کیا ہے۔ خواجہ احمد فاروقی کا ایک اقتباس ملاحظہ کیجیے: "میر کے برجستہ محاورے سوئے ہوئے استعارے ہیں اور ان کے پیچھے تاریخی اور تمدنی لوازمات چھپے ہوئے ہیں ان سے رمزی کیفیت کو وسعت حاصل ہوتی ہے اور شعر کی بے تکلفی اور طلسمی تاثیر میں اضافہ ہوتا ہے۔" (ص:۳۱۱)

اس طرح کے جملے کتاب میں بہت آسانی کے ساتھ تلاش کیے جاسکتے ہیں جن سے اندازہ ہوتا ہے کہ مصنف ادب کو ایک بڑے کینوس میں دیکھنا چاہتا ہے اور لفظ اس کے نزدیک سماجی اور تہذیبی زندگی کا مظہر ہے۔ جن ناقدین نے میر حیات اور شاعری کو ادبی نقطۂ نظر سے رد کرنے کی کوشش کی وہ بنیادی طور پر ایک وقتی رویہ تھا جسے ہئیت کے ایک رخا تصور نے پیدا کیا اب وہی لوگ رفتہ رفتہ اس رویے کی طرف آرہے ہیں جسے نو تاریخیت کا نام دیا گیا ہے۔ خواجہ احمد فاروقی نے ممکنہ تمام پہلوؤں کو میر حیات اور شاعری میں سمیٹنے کی کوشش کی ہے۔ اس کوشش کو وہی لوگ صرف تاریخی کوشش کا نام دے سکتے ہیں جن کی نگاہ میں بعد کی میر تنقید نہیں

ہے۔ ایک قاری کی حیثیت سے اس کتاب کا مطالعہ کرنے کے بعد میں اسی نتیجے پر پہنچا ہوں کہ کچھ باتیں قاضی عبدالودود کے تعلق سے اس قدر پھیلائی گئیں کہ بعض سنجیدہ حضرات کی نگاہ سے بھی کتاب اوجھل ہوتی گئی۔ اب جب کہ کتاب کا نیا ایڈیشن آگیا ہے امید کی جانی چاہیے کہ نئے سرے سے یہ کتاب مطالعۂ میر کا حصہ بنے گی۔ اچھی کتاب کی عمر یقیناً مصنف سے بڑی ہوتی ہے اور اس طرح مصنف کو بھی زندگی ملتی رہتی ہے۔

***

۱۳

پروفیسر رفیعہ سلطانہ کا اُردو ادب میں مرتبہ

محمد خواجہ مخدوم محی الدین

عثمانیہ یونیورسٹی سے فارغ التحصیل ادباء شعراء' قلم کاروں کی طویل فہرست میں کچھ چنندہ اساتذہ ادب ایسے گذرے ہیں جن کی ادبی خدمات کو فراموش نہیں کیا جاسکتا۔ بالخصوص یونیورسٹی کی تاریخ میں جن خواتین کا ذکر کیا جائے گا ان میں ایک ڈاکٹر رفیعہ کا نام بلند اور سرفراز ہے جو نہ صرف عثمانیہ یورنیورسٹی کے شعبہ اُردو کی پروفیسر رہیں بلکہ یوینورسٹی کے فیکلٹی آف آرٹس کی پہلی خاتون ڈین کے عہدہ پر فائیز رہیں۔ ڈاکٹر رفیعہ سلطانہ عثمانیہ یونیورسٹی کے ادبی اُفق پر ایک بلند اور روشن ستارہ بن کر چھائی رہیں جنھوں نے اپنی تدریس ' تحقیق' تقریر اور تحریر سے اُردو نثر کا دامن مالا مال کیا اور خصوصاً تنقید میں ایسا کارنامہ انجام دیئے جو ہر دور کے طالب علم کے لیے مفید اور کارگر ثابت ہوتے رہیں گے۔

ڈاکٹر رفیعہ سلطانہ محقق' نقاد' افسانہ نگار' انشاء پرداز' ڈرامہ نگار' بہترین مقرر' اعلی پایہ کی اُستاد اور کامیاب منتظم تھیں۔ ان کا اُردو اور انگریزی کا مطالعہ نہایت ہی وسیع تھا۔ ڈاکٹر رفیعہ سلطانہ عثمانیہ یونیورسٹی کی ایک ایسی استاد رہیں جو اکثر

ساتھیوں میں قدر کی نگاہ سے دیکھی جاتی اور شاگردوں میں ہر دلعزیز اور کافی مقبول تھیں۔ پروفیسر رفیعہ سلطانہ ایک جامع الحیثیات شخصیت کی مالک تھیں۔ وہ مشرق و مغرب کی دو اہم و زرخیز زبانوں فارسی اور انگریزی زبان و ادب کا نکھرا ذوق رکھتی تھیں۔ وہ شستہ و سلیس اور عام فہم اُردو میں لیکچر دیا کرتی تھیں۔ طلبہ ان کے لیکچرس محویت کے عالم میں سنتے تھے۔ ان کے بے شمار شاگرد ہیں۔ اورنگ آباد کی سرزمین پر ان کے ابتدائی علمی و ادبی ذوق کو مولوی عبدالحق کی وجہ سے جلا ملی۔ اعلیٰ تعلیم کی رغبت دلانے اور حید آباد میں حصول تعلیم کی جراءت مولوی عبدالحق بابائے اُردو نے دلوائی۔ ایم اے اُردو میں رفیعہ سلطانہ کا مقالہ "اُردو ادب کی ترقی میں خواتین کا حصہ" جب کہ پی ایچ ڈی میں "اُردو نثر کا آغاز اور ارتقاء"۔ انیسویں صدی کے اوائل میں " تھاجو ان کے وہ تحقیقی کارنامے ہیں جن پر اُردو تحقیق بجاطور پر فخر کرسکتی ہے۔ اُردو ادب کی ترقی میں خواتین کا حصہ 'نسائی ادب پر لکھی جانے والی اُردو میں پہلی تحقیقی کتاب ہے۔ یہ کتاب نایاب نہیں تو کمیاب ضرور ہے۔ ان کا مقالہ "اُردو نثر کا آغاز و ارتقاء"۱۹۴۷ میں شائع ہوا۔ اس زمانے میں جو تحقیقی سہولتیں میسر تھیں اور جتنی مشکلات اس زمانے کی خاتون کو دوران تحقیق پیش آتی تھیں انھیں مد نظر رکھتے ہوئے اسے ایک دستاویزی تحقیقی کارنامہ سمجھا جاتا ہے۔ سال ۱۹۴۷ء کے بعد جتنی بھی اُردو ادب کی تاریخیں تحریر کی گئیں ان میں سے زیادہ ادیبوں نے اس کتاب سے استفادہ کیا۔ تخلیقی ادب میں رفیعہ سلطانہ کے افسانوں کا مجموعہ "کچے دھاگے " ڈراما" دودِچراغ محفل "اردو فکشن کے ذخیرہ میں گراں قدر اضافہ ہیں۔ "کچے دھاگے" کے بعض افسانوں میں شعور کی رو کی تکنیک

شائد پہلی مرتبہ استعمال کی گئی ہے۔ڈاکٹر رفیعہ سلطانہ سرزمین اورنگ آباد میں پیدا ہوئیں اور حیدرآباد دکن میں بے مثال ادبی کارنامے انجام دیں۔ تخلیق' تحقیق' تنقید کے میدان میں قلم اُٹھایا اور اس کا حق ادا کرنے میں کوئی کسر نہیں چھوڑی۔ بحیثیت افسانہ نگار اچھا نام کمایا۔ ان کے افسانے اپنے عہد سے بہت آگے کا منظر پیش کرتے ہیں۔ ان کے فن کی اس جدت میں جہاں ان کے عمیق مطالعہ اور شدید مشاہدے کو بڑا دخل حاصل ہے وہیں یہ دکن کی مٹی کی دین بھی ہے۔ کیوں کہ یہاں کے ہر فطری فن کار نے نہ صرف آپ اپنے راستے کا انتخاب کیا بلکہ ادب کے دھارے کو متاثر کن انداز میں پیش کرنے کی کوشش بھی کی۔ ان میں تحقیق و تنقید کی اعلیٰ صلاحیت بدرجہ اتم موجود تھی۔ انھیں علمی و ادبی حلقوں میں عزت و احترام کی نظر سے دیکھا جاتا تھا۔

ڈاکٹر رفیعہ سلطانہ ۱۴/ڈسمبر ۱۹۲۵ء کو اورنگ آباد میں پیدا ہوئیں۔ ان کے والد کا نام سردار مرزا تھا۔ رفیعہ سلطانہ نے اورنگ آباد سے میٹرک پاس کیا تھا۔ جس کے بعد ویمنس کالج کوٹھی حیدرآباد سے ۱۹۴۲ میں انٹر کی تعلیم مکمل کی۔ سال ۱۹۴۴ میں بی اے کیا اور ۱۹۴۶ میں عثمانیہ یونیورسٹی سے ایم اے کی تعلیم مکمل کی۔ جب کہ پی ایچ ڈی پروفیسر عبدالقادر سروری کی زیر نگرانی مقالہ تحریر کرکے سال ۱۹۵۴ میں کیا۔ سال ۱۹۴۷ میں ویمنس کالج کوٹھی میں بحیثیت اُردو لکچرر تقرر ہوا۔ ڈاکٹریٹ کی ڈگری حاصل کرنے کے بعد شعبہ اُردو' عثمانیہ یونیورسٹی منتقل ہو کر اپنی خدمات کا آغاز کیا۔ سال ۱۹۶۸ تا ۱۹۷۹ تک وہ پروفیسر و صدر شعبہ اُردو کے عہدہ پر فائز رہیں جب کہ ڈین فیکلٹی آف آرٹس کے باوقار منصب پر سال

۱۹۸۲ تا ۱۹۸۴ تک فائز رہیں اور سال ۱۹۸۵ میں وظیفہ حسن خدمات پر سبکدوش ہوئیں۔

ڈاکٹر رفیعہ سلطانہ ساہتیہ کیڈیمی آندھرا پردیش کی رکن کے علاوہ بیورو فار پرموشن آف اُردو دہلی کی بھی رکن رہیں۔ ڈاکٹر رفیعہ سلطانہ کو سال ۱۹۸۴ء میں بیسٹ ٹیچر ایوارڈ سے بھی نوازا گیا تھا۔ اُردو اکیڈیمی آندھرا پردیش نے مجموعی خدمات پر ۱۹۹۵ء میں ایوارڈ سے نوازا۔ ڈاکٹر رفیعہ سلطانہ ۸۱ سال کی عمر میں ۲۴ر مارچ ۲۰۰۷ء کو اس جہان فانی سے کوچ کر گئیں۔ ان کے انتقال سے حیدرآباد کی ادبی و علمی دنیاء میں ایک خلاء پیدا ہو گیا۔

ان کی تصانیف کی تعداد دس ہے۔ جن میں کچھے دھاگے (افسانوں کا مجموعہ) ۱۹۴۹ء چراغِ محفل (ڈراما)' اقبالِ سخن' فن اور فنکار' کلمتہ الحقائق (ترتیب و تدوین) ۱۹۶۱ء' اُردو ادب کی ترقی میں خواتین کا حصہ ۱۹۶۲ء (تحقیق)' اُردو نثر کا آغاز و ارتقاء ۱۹۶۲ء (تحقیق)' دکنی نثر پارے ۱۹۶۷ء (تحقیق) اور کلیاتِ احسان شامل ہیں۔ ان کے علاوہ بھکتی مسلک اور اُردو شعراء انگریزی میں بھی کتاب لکھیں ہیں۔ دکنی تحقیق کے سلسلہ میں ان کی چار کتابیں اہم ہیں۔

پروفیسر رفیعہ سلطانہ کا مرتبہ اُردو ادب میں بہت بلند ہے۔ سرزمین دکن کی خوش قسمتی ہے کہ دکن کو ڈاکٹر رفیعہ سلطانہ جیسے اُردو کے پرستار ملے۔ جنھوں نے اس زمین کی چھپی ہوئی اسرار کی عظمت سے دُنیا کو روشناس کروایا۔ ادب کا کوئی ایسا موضوع نہیں ہے جس پر انھوں نے قلم نہ اٹھایا ہو۔ ۶۵ سال کی طویل مدت تک وہ گیسوئے اُردو کو سنوارتے رہیں۔ کبھی تحقیق تو کبھی تنقید اور کبھی خواتین ان کے

موضوع بنے 'خواتین کے علمی وادبی خدمات پر لکھنے والوں میں اہم نام پروفیسر رفیعہ سلطانہ کا بھی شامل ہے۔ ادب کے بہت سے موضوعات ایک عرصہ دراز تک نظروں سے اوجھل رہے۔ بہت دنوں بعد زمانے میں ایسے قدرداں پیدا ہوئے جن میں پروفیسر رفیعہ سلطانہ سب سے زیادہ پیش پیش نظر آتی ہیں۔ دکن کا کوئی ادیب ان کی قلم کی دسترس سے باہر نہ رہا جہاں انھوں نے شعراء و مصنفین کا تعارف کروایا وہیں فن پاروں کے بارے میں معلومات بہم پہونچائیں اور اس وقت تک دائرے تحقیق بہت محدود تھا۔ پروفیسر رفیعہ سلطانہ نے اپنی تحقیقی صلاحیتوں سے دکن کے مختلف کتب خانوں سے اُردو زبان کے انمول رتن کا انتخاب کیا جن سے اہلِ ادب کی آنکھیں خیرہ ہوگئیں۔

پروفیسر رفیعہ سلطانہ کی تحقیقی کاوشیں ان کے ادبی شعور کی ترجمان ہیں۔ ادب سے ان کی والہانہ وابستگی کا ثبوت ادب پاروں کی بازیافت کی طرف متوجہ ہونا ہے۔ انھوں نے بہمنی 'عادل شاہی دور کی ادبی شخصیتوں کو گوشہ گمنامی سے باہر نکالا اور نئی نسل سے ان کے فن کو متعارف کروایا۔ انھوں نے دکنی ادب پر خاص توجہ دی اور تمام عمر بڑے خلوص دردمندی اور لگن کے ساتھ مصروف رہیں۔ ان کا مقصد یہ بھی ثابت کرتا ہے کہ وہ یہ بتانا چاہتی تھیں کہ اُردو علم و ادب لازوال خزانوں سے مالا مال ہے۔ جس نے ایسے شاعر اور ادیب پیدا کئے جن کی تخلیقات نے اُردو ادب کا سربلند کیا۔ عادل شاہی 'قطب شاہی اورنگ آباد مغلیہ اور آصف جاہی کے بے شمار شاہکاروں کو انھوں نے نئی زندگی عطا کی اور اس بات کا احساس پیدا کیا کہ ان کی زبان کا سلسلہ ایک قابلِ فخر ادبی سرمایہ سے جاملتا ہے۔ انھوں نے

نہ صرف بہمنی ' قطب شاہی اور آصف جاہی عہد کی گنگا جمنی تہذیب اور دکن کی عظمت رفتہ کو متاثر کن انداز میں پیش کیا بلکہ یہاں کے عظیم شہہ پاروں کو بھی منظرِ عام پر لایا اور نئی نسل کو اپنے تہذیبی اور ادبی کارناموں پر ناز کرنے کا جذبہ پیدا کیا اور اسی جذبہ سے سرشار ہو کر آج کی نئی نسل کے محقیقین کو بھی تحقیق میں دلچسپی بڑھی۔ انھوں نے اُردو تحقیق میں دیانتداری کا ثبوت دیا۔ یہ کہا جائے تو بیجا نہ ہو گا کہ ان کی حیثیت ایک چراغ کی سی ہے جس سے طالب علموں کو روشنی ملی۔ ڈاکٹر رفیعہ سلطانہ اپنی بے پناہ مصروفیت کے باوجود تحقیق کے میدان میں پیچھے نہیں ہٹیں اور ساری عمر ادب کی خدمت کرتی رہیں۔ ان میں اُردو کی خدمت کی دھن سوار تھی۔

ڈاکٹر رفیعہ سلطانہ کی کتاب اُردو نثر کا آغاز و ارتقاء 'اُردو ادب میں ایک سنگ میل کی حیثیت رکھتا ہے کیوں کہ عام طور پر یہ کہا جاتا ہے کہ جدید ا-ردو نثر کا آغاز فورٹ ولیم کالج سے ہوا ہے لیکن ڈاکٹر رفیعہ سلطانہ نے یہ ثابت کر دیا کیا کہ فورٹ ولیم سے قبل بھی بہت سارے نثری کارناموں کا پتہ چلتا ہے۔ عام طور پر محققین کی نظریں زیادہ تر دکنی شاعری پر ہی رہیں اور دکنی نثر کو انھوں نے نظر انداز کر دیا۔ ڈاکٹر رفیعہ سلطانہ اس اعتبار سے قابل تعریف ہیں کہ انھوں نے پہلی بار دکنی نثر کا انتہائی گہرائی اور گیرائی سے مطالعہ کیا اور آنے والے محققین کے لیے دکنی نثر پر تحقیق و تنقید کی راہ ہموار کر کے یہ ثابت کر دیا کہ دکنی نثر کا آغاز نظم کے ساتھ ہوا۔

ڈاکٹر رفیعہ سلطانہ 'دکنی تہذیب و ثقافت کی ایک زندہ تعریف تھیں۔ انھوں نے تحقیق و تنقید کے میدان میں اتنا کام انجام دیا کہ اس شعبہ میں یہ ایک طویل

عرصہ تک رہنمائی کرتا رہے گا۔ڈاکٹر رفیعہ سلطانہ کو حیدرآباد کی تاریخ ' یہاں کے گلی 'کوچوں اور روایتوں سے بے پناہ عشق تھا۔ دکنی تہذیب کے مختلف پہلوؤں پر انھوں نے جو کتابیں اور بے شمار مضامین لکھیں ہیں وہ ہماری تہذیب کی تاریخ ہیں جو سیاسی تاریخ سے زیادہ گہری اور سچی ہیں۔

تاریخ اور سوانح کے موضوع سے ڈاکٹر رفیعہ سلطانہ کو غیر معمولی دلچسپی تھی 'اس موضوع پر انھوں نے " حیدرآباد " کے عنوان سے ایک کتاب لکھی جس میں حیدرآباد کی تاریخ درج ہے اور یہ ڈاکٹر رفیعہ سلطانہ کا تخلیقی کارنامہ ہے۔ اس کتاب میں میر عثمان علی خان آصف جاہ سابع ریاست حیدرآباد کا جس میں اورنگ آباد ' گلبرگہ 'میدک اور ورنگل بھی شامل ہیں کا جائزہ لیا۔ انھوں نے تین ہزار سال قبل کی ہندوستانی تاریخ کا اعادہ کیا اور اشوک کے زمانے سے اس کا سلسلہ رہنے کا ادعا کیا۔ حیدرآباد کے رہن سہن ' یہاں کا طریقہ ' یہاں کی طرزِ حکومت اور یہاں کی عمارتوں کا بھی تذکرہ کیا۔ اس طرح انھوں نے حیدرآباد کی سیاسی 'سماجی اور معاشی پہلوؤں کا اپنی اس کتاب میں احاطہ کیا۔ڈاکٹر رفیعہ سلطانہ نے سوانح کے موضوع پر بھی بہت کچھ لکھا۔ ان کی سوانح نگاری کی اہم خصوصیت یہ ہے کہ جب وہ شخصیت پر لکھتی تو خاندانی پس منظر 'تعلیم وتربیت 'آباواجداد کا بھی تحقیقی جائزہ لیتی تھیں۔ ان کا نظریہ یہ تھا کہ ایک عام آدمی بھی آسانی کے ساتھ اپنے سلف کے حالات اور کارناموں سے واقف ہو جائے۔ چنانچہ ان کی کتاب " اقبالِ سخن " میں عام فہم اور آسان زبان میں علامہ اقبالؔ جیسے عظیم شاعر پر بہت کچھ لکھا اوران کے شاعرانہ کلام کے ہر پہلو پر روشنی ڈالی گئی ہے۔ انھوں نے علامہ اقبالؔ کے فکر وفن کے بعض

ایسے گوشوں کو لوگوں کے سامنے لایا جس کو سمجھنے کے لیے انسانی شعور کی ضرورت ہوتی ہے۔

پروفیسر رفیعہ سلطانہ کا خواتین پر بڑا احسان ہے کہ انھوں نے خواتین کے علمی وادبی کارناموں کو منظرِ عام پر لایا۔ اُردو زبان و ادب کی تاریخ میں خواتین کا کہیں بھی ذکر نہیں ملتا۔ ڈاکٹر رفیعہ سلطانہ نے اپنی کتاب "اُردو ادب کی ترقی میں خواتین کا حصہ" لکھ کر یہ ثابت کر دیا کہ خواتین کا بھی اُردو ادب کی ترقی میں اہم حصہ رہا ہے۔ پروفیسر رفیعہ سلطانہ نے محمد قلی سے ولی تک کے عہد کا جائزہ لیکر اس عہد کی شاعرات اور ان کے ادبی کارناموں کو پیش کیا۔ ان کے مجموعہ کلام بھی منظر عام پر آئے۔ دہلی 'لکھنو' رام پور اور بھوپال کی شاعرات کا مسلسل ذکر کیا۔ خواتین کی نثر نگاری کو پیش کر کے بحیثیت ناول نگار 'بحیثیت مضمون نگار' ہر باب میں تقسیم کر کے ہر عنوان کے تحت خواتین کے کارناموں کو پیش کیا۔ دورِ جدید کے اصلاحی' معاشرتی' نفسیاتی ناول نگار خواتین کا سلسلہ وار ذکر کیا۔ مضمون نگاری' سیرت نگاری 'مزاح نگاری اور ڈراما نگاری میں خواتین کے کارناموں کا ذکر کیا۔ ادبِ اطفال اور صحافت میں خواتین کا مفصل جائزہ لیا۔ اس طرح ڈاکٹر رفیعہ سلطانہ نے تاریخ کے اہم کرداروں کو گوشۂ گمنامی سے نکالا۔ ان کی یہ خدمت ہمیشہ یادگار رہے گی۔ انھوں نے خس وخاشاک میں چھپے ہوئے ہیروں کو منظر عام پر لایا اور علمی دنیا سے روشناس کروایا۔

پروفیسر رفیعہ سلطانہ کی شخصیت اُردو ادب میں اعلیٰ مقام رکھتی ہیں۔ وہ ایک بڑی محقق اور نقاد تھی۔ انھوں نے اردو ادب کو وسعت بخشی اور ان کی زبان سادہ

رہی۔ ان کے مزاج میں عجز و انکساری اور خاکساری بھی تھی۔ یہ صفت ان کے اُسلوب کی نمایاں خصوصیت بن گئی۔ اور ان کی زبان سادہ اور عام فہم ہے وہ اپنی عبارت میں تشبیہہ و استعارہ کا استعمال نہیں کرتی تھیں۔ ان کا اندازِ بیان ان کی اپنی انفرادیت رہی۔ ایک عام آدمی بھی ان کی تحریریں آسانی سے پڑھ کر سمجھ سکتا ہے۔ پروفیسر رفیعہ سلطانہ نے تحقیق کو آسان بنا کر عام لوگوں میں ذوقِ تحقیق کو بیدار کیا اور لوگوں میں ادب اور کلچر سے محبت اور وابستگی بڑھادی۔

***

منتخب تحقیقی مضامین کا ایک اور مجموعہ

اردو ادب کے روشن باب

مرتبہ : مکرم نیاز

بین الاقوامی ایڈیشن جلد منظر عام پر آرہا ہے